证券投资分析
宏观经济分析
Macro Analysis on Security Investment

张显明 ◎ 编著

图书在版编目（CIP）数据

证券投资分析. 宏观经济分析 / 张显明编著.
北京：中国经济出版社, 2025. 6. -- ISBN 978-7-5136-
8223-7

Ⅰ. F830.91

中国国家版本馆 CIP 数据核字第 20251A9X98 号

责任编辑	贺　静　张利影
责任印制	李　伟
封面设计	财学堂·视觉设计部

出版发行	中国经济出版社
印 刷 者	四川省平轩印务有限公司
经 销 者	各地新华书店
开　　本	787mm×1092mm　1/16
印　　张	12
字　　数	170 千字
版　　次	2025 年 6 月第 1 版
印　　次	2025 年 6 月第 1 次
定　　价	99.00 元

广告经营许可证　京西工商广字第 8179 号

中国经济出版社 网址 http://epc.sinopec.com/epc **社址** 北京市东城区安定门外大街 58 号 **邮编** 100011
本版图书如存在印装质量问题，请与本社销售中心联系调换（联系电话：010-57512564）

版权所有　盗版必究（举报电话：010-57512600）
　　国家版权局反盗版举报中心（举报电话：12390）　　服务热线：010-57512564

前言

中国资本市场在 30 多年的发展中取得了显著成就。从交易所的成立到监管体系的完善,从法律法规的实施到市场创新与产品的丰富,再到对外开放与合作的不断深化,中国资本市场已经发展成为一个功能完善、规模庞大的金融市场体系。在过去数十年中,投资承载了许多人的梦想,也让一些投资者获得了可观的财富。然而,市场行情也颠簸不定,给一些投资者造成了严重损失。

在这个日新月异、波澜壮阔的时代,市场中的变化与机遇如潮水般汹涌而至。我们满怀激情和使命,深信财经教育对于每个人来说都是一项非常宝贵的投资。财学堂作为一家深耕财经领域并致力于推动财经教育蓬勃发展的企业,成立近 10 年来,始终致力于为个人提供财经职业规划,并帮助股民进行财经知识系统化学习,以及协助投资者享受中国资本市场红利。

随着数字化和金融科技的不断进步,金融行业正经历着前所未有的变革。同时,在全球化的背景下,金融市场呈现出多元化和日益高度融合趋势,国际金融活动不断增加,这使得金融行业从业者需要具备更广泛的国际视野和更强的跨文化沟通能力。因此,培养金融人才与推动金融创新、提升人们的金融素养，在当前全球经济环境中显得尤为重要。如今，财学堂推出这一系列财经书籍，旨在满足不同投资者的学习需求，让财经实际投资技术更加通俗易懂，让财经教育系统更加丰富、更加贴近生活。该系列丛书涵盖了技术形态的精妙解析，也深入探讨了微观、中观、宏观经济的广阔天地和趋势政策分析。同时，我们汇聚了学术派的严谨与市场派的活力，全面覆盖了财经教育领域的各个方面。我们深知，财经教育有助于提升公众的金融素养和风险意识，可以帮助投资者更好地理解金融市场的运作规律和风险特征；通过接受财经教育，投资者可以更加明智地进行金融决策，避免陷入金融陷阱和投资风险。同时，可以减少金融市场的信息不对称和投机行为，降低金融风险和金融危机发生的可能性。

通过系统的财经教育，我们可以培养出具备专业知识和实践能力的金融人才，为金融行业的发展提供有力支持；同时，财经教育学习还可以帮助人们更好地进行个人财务管理和企业财务管理，提高经济效益和社会效益。

因此，财经知识不仅仅是冰冷的数字和复杂的模型，它更是一种智慧，是能够指引我们在市场浪潮中稳健前行的"灯塔"。因为投资者的每一次投资决策都是一场实打实的真金白银的较量，我们希望通过这些内容，将对市场走势的理性解读和对行业发展趋势的深刻分析，传递给每一个热爱投资学习、渴望成长的人，让投资者能够更好地理解市场、把握机遇，实现投资的稳定增长。

当然，想要在投资中生存并获得收益，就必须掌握抗风险的本领，要有全局意识思维，同时要善于总结经验教训，善于学习并掌握一套投资方法。财经知识应该能够被更多的人接触和掌握，而不应该被局限于少数精通金融术语的专业人士，我们的目标是"传承投资智慧，传播财商教育"，真正实现普惠金融。

"一万小时定律"指出，1万个小时的锤炼是任何人从平凡变成世界级大师的必要条件。顶尖的运动员、音乐家、棋手，往往需要花费一万小时，才能让一项技艺至臻完美。同样地，只有经过大量的交易和不断的优化，才有成为专业人士的可能，才可以完成从普通投资者到操盘高手的蜕变。

时间的投入固然重要，但更重要的是持续地学习、实践，并不断反思和调整投资策略，还需要结合市场实际情况，总结每一次的交易经验和教训，从而不断提升自己的投资能力。我们相信，读者通过学习财学堂投资系列丛书，可以在短时间内掌握投资的核心知识和技能，可以找到学习投资的捷径，得到点拨和指引。财学堂希望每一位读者都能从中受益，不仅能够提升投资技能和认知水平，在市场中获得实实在在的收益，还能建构个人投资者职业财经知识体系，为金融行业提供专业人才。

面对数字化、全球化、监管加强等挑战和机遇，金融行业需要不断提高自身的竞争力和创新力。而财经教育作为提升公众金融素养、培养金融人才、推动金融创新的重要手段之一，应该得到更多的重视和支持。未来，财学堂将响应国家政策，致力于培养更具国际化金融视野的高层次财经职业人才，推动中国金融市场的建设与发展。我们希望通过不断的学习和积累，为财经领域注入新鲜血液，使之焕发新的活力和创造力，为金融行业的持续发展和社会的经济繁荣做出更大的贡献。

不忘初心，砥砺前行。财学堂始终秉承"人人都做合格投资人"的办学宗旨。我们相信，在未来的日子里，这些书籍将伴随更多的读者走过市场的风风雨雨，见证投资者的成长与成功。

目 录

第一章　宏观经济分析概要

第 1 课　宏观经济分析对证券投资的重要性　　3
第 2 课　宏观经济分析的理论基础　　8
第 3 课　宏观经济分析的内容和方法　　12

第二章　中国宏观经济运行分析

第 4 课　中国经济发展的历程和现状　　17
第 5 课　中国经济发展的未来预期　　25
第 6 课　中国证券市场的发展趋势　　32

第三章　宏观经济周期分析

第 7 课　经济增长与经济周期　　41
第 8 课　中国经济增长的周期性分析　　47

第四章　宏观经济指标分析

第 9 课　宏观经济指标及其变动的影响　　53
第 10 课　CPI 指标及其变动的影响　　56
第 11 课　PPI 指标及其变动的影响　　61
第 12 课　投资及其变动的影响　　65
第 13 课　消费及其变动的影响　　70
第 14 课　净出口及其变动的影响　　76

第五章　财政政策变动的宏观经济分析

第 15 课	财政政策及其宏观调控	83
第 16 课	财政政策的类型及其影响	88
第 17 课	财政政策对资本市场的直接影响	93
第 18 课	财政预算及其影响	98
第 19 课	税收政策的变动及其影响	101
第 20 课	国债政策及其影响	104
第 21 课	财政支出政策及其影响	110
第 22 课	财政投资支出及其影响	116

第六章　货币政策变动的宏观经济分析

第 23 课	货币政策及其宏观调控	123
第 24 课	货币政策的类型及其影响	129
第 25 课	利率政策及其影响	133
第 26 课	存款准备金政策及其影响	140
第 27 课	再贷款再贴现政策工具及其影响	150
第 28 课	公开市场业务及其影响	155
第 29 课	选择性政策工具的运用及其影响	161
第 30 课	补充性政策工具的运用及其影响	164
第 31 课	中国货币政策的演变及其影响	168
第 32 课	货币政策的国际影响	177

第一章

宏观经济分析概要

第 1 课　宏观经济分析对证券投资的重要性

一、股票市场与宏观经济的关系

宏观经济与股票市场的关系，可以说是经济与金融的关系，或者是实体经济与虚拟经济的关系，理论上讲，可以概括为：一方面，宏观经济决定股票市场，即所谓股票市场是国民经济的"晴雨表"；另一方面，股票市场对宏观经济具有重要的反作用，或者说股票市场状况影响宏观经济的发展。

（一）宏观经济决定股票市场的基本走势

经济越发达，对资金的需求就越大，股票市场筹资和优化资源配置的功能就越能得到充分发挥，股票市场也就越发达。因此，宏观经济的运行状况决定股市的基本走势，或者说，股票市场反映了国民经济状况。具体来说，宏观经济主要通过以下几个方面决定和影响股票市场。

一是股票市场的价值基石——上市公司的经济效益直接受宏观经济形势的制约。当宏观经济状况良好时，社会投资、消费、出口需求旺盛，企业销售增加，效益上升，公司价值提高，其股价必然上涨；反之，股价下跌。

二是与宏观经济走势息息相关的货币供应状况影响股市。当宏观经济运行良好时，货币供应适度宽松，股市资金相对宽裕，股市需求就会增加，交投随之活跃，股价就会呈上升态势。

三是在宏观经济向好情况下，经济景气上升，就业面扩大，员工收入增加，对金融资产需求也会相应增加；投资者人数增多，股市人气兴旺，就会呈现强势特征。

四是国内宏观经济形势向好，市场需求旺盛，外来投资就会增加，其中，一部分外来资金将通过各种形式介入股市，参与股票市场投资。

五是宏观经济政策的调整影响股票市场，即政策预期效应。

综上所述，宏观经济运行良好，股市绝不可能长期低迷；宏观经济运行不佳，股市绝不可能持续上涨。美国、英国、日本、新加坡等国家的股票市场均是如此。这充分体现了经济状况决定股票市场的一般规律。通常，在股票投资中，趋势投资法的"趋势"，实际上就是讲的宏观经济运行趋势。通过分析预测宏观经济的运行趋势，判断股票市场行情的趋势，并根据这种趋势调整股票投资策略，这就是趋势投资法的基本思维。

（二）规范发展的股票市场有助于宏观经济增长

具有高度社会化特征的股票市场自其产生伊始就不是简单被动地反映经济的发展，而是能动地改观整个社会经济的运行态势。股票市场规模越大，流动性越好，其通过一系列传递机制对宏观经济的影响就越大。

（1）股票市场凭借融资功能，使社会资金通过融资交易平台，实现资金余缺的有序对接和适时流动，从而构建社会资金由储蓄向投资转化的有效通道。而投资的良性稳定增长，是一国宏观经济长期持续发展的主要推动力，一国股票市场的良性发展，必然容纳更多的企业上市融资，从而加速储蓄向投资转化，刺激经济快速增长。

（2）股票市场的发展过程，促进了社会资源配置机制的形成和完善，通过股价的涨跌特别是结构性涨跌，向社会传递资源配置的信号，从而引导社会资源的合理配置，对国民经济的结构调整也起到重要的作用。

（3）股票市场的稳定发展可以强化社会公众对经济发展的信心；相反，股票市场持续下跌，也会使社会公众对经济发展丧失信心，从而减少投资，这些必将引起经济下行。

二、影响股票市场的宏观经济因素

股票市场及其股价波动的影响因素很多，既有宏观经济及政策的影响，也有行业变动及政策、微观企业的经营变动等因素影响（见图1-1）。也就是说，宏观经济和证券市场运行状况、行业前景以及公司经营状况是影响投资者对将来股价预判的最主要因素,也会影响当前买卖决策并最终导致股价的变化。

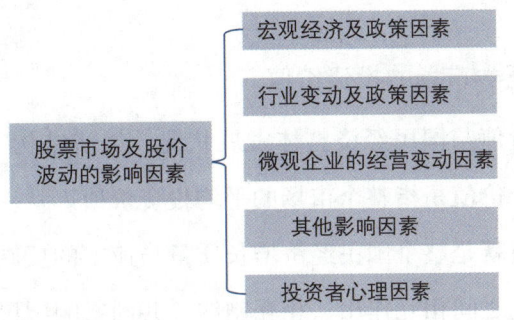

图 1-1 股票市场及股价波动的影响因素

这里主要讨论影响股价波动的宏观经济及政策因素。

影响股票市场及股价波动的宏观经济及政策因素主要有以下几个。

1. 宏观经济因素

(1) 经济增长状况。当经济运行状况良好时,股价上涨;当经济运行状况不尽如人意时,股价下跌。

(2) 经济周期循环。股票价格水平已成为经济周期变动的灵敏信号或称"先导性指标"。

(3) 宏观经济指标变动状况。宏观经济指标包括GDP、失业率、市场利率、通货膨胀、汇率变化、国际收支状况等。

2. 宏观经济政策因素

(1) 宏观经济政策。宏观经济政策包括国家制定的相关经济发展政策。

(2) 货币政策。宽松的货币政策会影响股价上涨,紧缩的货币政策会影响股价下跌。

(3) 财政政策。财政支出增加,刺激股价上涨;反之,提高税率,会抑制股价。

三、宏观经济分析对证券投资的重要性

(一) 把握证券市场的总体变动趋势

在证券投资领域中,宏观经济分析非常重要,只有把握住经济发展的大方向,才能看清证券市场的总体变动趋势,做出正确的长期决策;只有密切关注宏

观经济因素的变化，尤其是货币政策和财政政策因素的变化，才能抓住证券投资的市场时机。

（二）判断整个证券市场的投资价值

证券市场的投资价值与国民经济整体发展状况、经济结构变动等息息相关。这里的证券市场的投资价值是指整个市场的平均投资价值。从一定意义上说，整个证券市场的投资价值就是整个国民经济增长质量与速度的反映，因为不同行业与成千上万的不同企业之间相互作用、相互制约，共同影响国民经济发展的速度和质量。宏观经济是个体经济的总和，因而企业的投资价值必然在宏观经济的总体中综合反映出来，所以，宏观经济分析是判断整个证券市场投资价值的关键。

（三）掌握宏观经济政策对证券市场的影响力度与方向

证券市场与国家宏观经济政策息息相关。在市场经济条件下，国家通过财政政策和货币政策调节经济，或挤出泡沫，或促进经济增长，这些政策直接作用于市场和企业，左右着经济增长速度和企业效益，并进一步对证券市场产生影响。因此，证券投资必须认真分析宏观经济政策，掌握其对证券市场的影响力度与方向，以准确把握整个证券市场的运动趋势和各个证券品种的投资价值变动。这无论是对投资者、投资对象，还是对证券业本身乃至整个国民经济的快速健康发展都具有重要的意义。

综上所述，股市投资中的宏观经济分析，就是分析整体经济与证券市场之间的关系，其主要目的是分析将来经济情况及其发展前景是否适合股票投资。当宏观经济状况良好时，大部分公司有比较优良的经营业绩，股价会呈现上涨的趋势；当宏观经济处于低迷状态时，大部分公司的经营业绩比较差，股价自然会下跌。因此，在进行股票投资分析时，应当把宏观经济分析放在第一位，以此来制定有效的投资战略。

课堂总结

1. 了解股票市场与宏观经济的关系。
2. 了解股票市场及其股价变动的影响因素。

3. 了解宏观经济分析对证券投资的影响。

注意：在股票投资中，把握市场行情的变动趋势是证券投资的有效前提，因此，宏观经济分析就显得尤为重要。通常所说的趋势投资法，其趋势的判断就来源于宏观经济分析。

第2课　宏观经济分析的理论基础

一、宏观经济目标

宏观经济目标，有时又称为"宏观经济政策目标"或者"宏观调控目标"。宏观经济政策通常是指国家有意识地运用一定的政策工具，调节控制宏观经济的运行，以达到一定的政策目的。宏观经济目标包括经济增长、充分就业、稳定物价和国际收支平衡四大目标。

（一）四大目标

1. 经济增长

经济增长，是指一个国家的经济在一个较长时间跨度上的可持续均衡增长，即在一定时期内，一国经济社会所生产的经济总量、人均产值或者人均收入的可持续增长，通常以经济增长率来衡量。经济增长率的高低体现了一个国家或地区在一定时期内经济总量的增长速度，也是衡量一个国家或地区总体经济实力增长速度的标志。经济增长不仅要求维持一个较高的经济增长率，还要求培育经济可持续增长的能力。经济正增长一般被认为是整体经济景气的表现。如果一个国家的GDP增长为负数，即当年GDP比往年减少，就叫作"经济衰退"。通常情况下，只有当GDP连续两个季度以上持续减少，才被称为"经济衰退"。

2. 充分就业

充分就业，是凯恩斯在《就业、利息和货币通论》一书中提出的，是指在某一工资水平下，所有愿意接受工作的人，都获得了就业机会。充分就业并不等于全部就业，而是仍然存在一定的失业。但这些失业均属于摩擦性的和结构性的，而且失业的间隔期很短。通常把失业率等于自然失业率时的就业水平称为"充分就业"。可见，充分就业也可称作"完全就业"。其含义包括：一是在一定的工资水平条件下；二是有劳动能力且愿意参加劳动。两者都能获得就业机会，也就是所有人都找到合适的工作。

摩擦性失业是劳动者正常流动过程中产生的失业，是由市场制度本身决定的，与劳动力供求状态无关。

结构性失业是由于经济结构变化，劳动力的供给和需求在职业、技能、产业、地区分布等方面不协调引起的失业。其最大特点是劳动力供求总量大体相当，但存在着结构性的供求矛盾，即存在失业的同时，也存在劳动力供给不足。结构性失业多伴随着经济结构的升级和调整，而这又恰好是经济发展的重要前提和标志。

由于摩擦性失业和结构性失业是市场经济的常态，我们把二者形成的失业率称为"自然失业率"。其受劳动力结构、政府政策和结构性因素的影响。

3. 稳定物价

稳定物价，是指保持物价总水平相对稳定，不发生大幅度的波动，包括物价总水平的相对稳定性和具体价格的变动性两个方面的内容及特征，而不是要求物价固定不变。稳定物价实际上就是要抑制住通货膨胀、避免通货紧缩、维持币值的相对稳定，因此又常被称为"稳定币值"，意思是保持物价总水平相对稳定，不发生大幅度的波动。

4. 国际收支平衡

国际收支，是指一国居民在一定时期内与非本国居民在政治、经济、军事和文化及其他往来中产生的全部交易的系统记录。国际收支平衡，是指国际收支差额处于一个相对合理的范围内，既无巨额的国际收支赤字，又无巨额的国际收支盈余。一国的国际收支状况不仅反映了这个国家的对外经济交往情况，还反映了该国经济的稳定程度。保持国际收支平衡是保证国民经济持续稳定增长和经济安全的重要条件。

（二）四大目标的关系

宏观经济的四大目标之间既有一致性又有矛盾性。首先，稳定物价和充分就业之间存在一定的矛盾，通货膨胀率与失业率存在此消彼长的关系。其次，稳定物价与经济增长之间存在一定的矛盾，两者根本上是统一的，但如果促进经济增长的政策不正确，比如，以通货膨胀政策刺激经济，虽然暂时可能会使经济增长，但最终会使经济增长受到严重影响。最后，经济增长和物价稳定与国际收支平衡之间存在着一定的矛盾性。总之，在实际经济运行中，要同时实现四个目标非常困难，通常是根据经济运行的实际情况，选择一个或两个目标作为政策调控的主要目标。

二、宏观经济形势的评价指标

宏观经济学是主要研究一国经济总量、总需求与总供给、国民收入总量及构成、货币与财政、人口与就业、经济周期与经济增长、经济预期与经济政策、国际贸易与国际经济等宏观经济现象的学科，是使用国民收入、经济整体的投资和消费等总体性的统计概念分析经济运行规律的一个经济学领域，涉及四大宏观经济政策目标，相应地涉及一系列经济指标（见表1-1）。

表1-1 宏观经济目标及相应经济指标

宏观经济目标	经济指标	说明
经济增长	GNP、GDP、人均国民收入、固定资产投资、政府投资、企业投资	经济增长通常用GDP及其增长率来反映
充分就业	失业率	
稳定物价	通货膨胀	
国际收支平衡	国际收支、顺差、逆差	
财政政策指标	税率、财政收入、财政支出	
货币政策指标	利率、汇率、货币供给量、外汇储备	

宏观经济指标体系通常可分为国民经济总体指标、投资指标、消费指标、金融指标、财政指标五个方面。

（1）国民经济总体指标包括GDP、工业增加值、通货膨胀、失业率、国际收支。

（2）投资指标包括政府投资、企业投资、外商投资、固定资产投资。

（3）消费指标包括社会消费品零售总额、城乡居民储蓄存款余额。

（4）金融指标包括货币供应量、利率、汇率、外汇储备。

（5）财政指标包括财政收入、财政支出、赤字或结余。

> **课堂总结**

1. 了解宏观经济目标。
2. 了解宏观经济指标体系。

注意：宏观经济目标及其相应的衡量指标，是进行宏观经济分析重要的理论基础，这些指标的变化从不同层面反映了宏观经济的变化，同样成为股票投资重要的决策依据。

第3课　宏观经济分析的内容和方法

一、宏观经济分析的内容

宏观经济分析是证券投资分析的重要内容，也是证券投资决策的重要依据。如前所述，宏观经济运行状况及其运行态势决定了证券市场的基本走势，只有正确判断当前宏观经济形势才能做出正确的投资决策。通常，宏观经济分析包括以下主要内容。

（一）宏观经济运行状况及其运行规律

宏观经济运行状况通常是分析经济运行的现状及特点，通过对较长时期经济运行状况的分析，可以展示宏观经济运行的一般规律，并以此预期经济发展的趋势。

（二）宏观经济的周期性对证券市场的影响

按照经济周期理论，经济在运行过程中会循环往复地出现扩张与紧缩。一个完整的经济循环过程被划分为繁荣、衰退、萧条和复苏等四个阶段，并且在市场经济运行过程中，它总是重复着萧条与繁荣的更迭。当然，一个完整的经济周期有长周期、中周期和短周期之分，无论周期的长短如何，经济运行都是进行周期性的循环往复。人们据此做出相应的经济决策。经济运行的周期性循环，对证券投资产生直接的影响。

（三）宏观经济指标变动对证券市场的影响

经济运行状况如何，始终体现在经济数据的变化上，或者说经济指标的变化反映了宏观经济的运行情况，这些指标数据成为宏观经济分析的重要依据，也因此成为影响证券市场走势的重要因素。每当国家公布宏观经济运行情况的指标数据时，证券市场都做了相应的反映。

（四）投资与消费变动对证券市场的影响

按照支出法核算，GDP 包括消费、投资和净出口三部分，其中，消费和投资是我国 GDP 的核心部分，消费增长率和投资增长率是一国宏观经济的重要指标。投资是总需求中最动荡的领域，消费是总需求中最直接的作用因素。在投资需求与经济增长的关系中，固定资本形成（固定资产投资在 GDP 中所占份额）与人均 GDP 呈正相关关系，一般情况下，物质资本的投资可以促进经济增长。投资是经济增长的推动力，而消费是启动内需的关键，二者之间的平衡成为经济增长能否持续、协调、快速发展的重要影响因素。因此，投资和消费的变化直接影响证券市场。

（五）宏观政策变动对证券市场的影响

严格地说，宏观经济政策是财政政策和货币政策，以及收入分配政策和对外经济政策等的总称。宏观经济政策，是指政府有意识、有计划地运用一定的政策工具，调节控制宏观经济运行，为实现一定的政策目标所制定的宏观经济调控指导原则和措施。宏观经济政策内容包括供给和需求的调控政策，而财政政策和货币政策是重要的需求调控政策。

1. 财政政策

财政政策是国家制定的指导财政分配活动和处理各种财政分配关系的基本准则。在现代市场经济条件下，财政政策又是国家干预经济、实现宏观经济目标的调控措施。

2. 货币政策

货币政策也被称为"金融政策"，是中央银行为实现其特定的经济目标而采用的各种控制和调节货币供应量和信用量的方针、政策和措施的总称。货币政策的实质是国家对货币的供应根据不同时期的经济发展情况而采取的不同类型的政策，对证券市场产生直接影响。

二、宏观经济分析的方法

（一）趋势分析法

趋势分析法纵向分析经济社会发展历史的变化规律和特点，正确地掌握今后的发展趋势。

（二）结构分析法

结构分析法深入地认识错综复杂的经济结构，掌握各因素的相互关系、相互影响程度和变化特点，全面系统地把握经济运行规律。

（三）计量分析法

计量分析法将经济理论与数量分析的方法相结合，对经济社会现象进行定量分析，保证其分析研究的精确性、严密性和科学性。

（四）国际比较法

各国在经济发展过程中存在一些共同的规律。比较分析不同经济发展阶段的各国发展经验及教训，对中国当前和今后的经济决策具有参考价值。

> **课堂总结**
>
> 1. 了解宏观经济分析的内容。
> 2. 了解宏观经济分析的方法。

第二章

中国宏观经济运行分析

第4课　中国经济发展的历程和现状

一、中国经济发展历程

有研究认为,中国经济发展经历了计划经济和改革开放两个阶段,现已步入创新发展阶段。

（一）计划经济时期——经济恢复和过渡发展阶段

从新中国成立到1979年,实行了30年的计划经济。1952年的GDP为305亿美元;1979年的GDP为2636亿美元,是1952年的8.6倍。这30年的经济发展速度远低于中国周边实行资本主义的国家或地区。虽然这30年的经济发展相对缓慢,但其历史贡献较大。首先,通过集中统一的计划经济体制,国民经济得以迅速恢复;同时,在经济发展水平低、国力有限的条件下,运用这种行政集权的计划经济体制,保证把有限的资源集中到重点建设上,为国民经济良性循环奠定了物质基础。其次,通过集中统一的计划经济体制,我国初步建立了独立的工业体系,为国家工业化奠定了重要基础,从而为国民经济的长远发展创造了有利条件。

（二）改革开放时期——经济高速发展阶段

从1979年到2012年,中国进行了30多年的改革开放,社会经济得到了巨大的发展,经济总量在2005年超过英国和法国,2007年超过德国,2010年超过日本,成为世界第二大经济体。改革开放前20年,中国外资利用呈快速上升趋势,到20世纪90年代,中国引进的外资总额位居世界第二,在发展中国家中位居第一。根据统计数据，在改革开放的33年（1979—2012年）中，中国GDP年均增长达到10%左右。中国经济不断发展。

（三）经济新常态时期——高质量和创新发展阶段

1. 经济新常态特征

在2008年国际金融危机的冲击下，经济下行压力日益增大，中国GDP增速从2012年起回落到8%以下，告别了过去30多年平均10%左右的高速增长。2012年11月，党的十八大召开，以习近平同志为核心的党中央提出了"经济发展新常态"理念（所谓新常态，是指在经济结构对称态基础上的经济可持续发展、稳定增长），并指出要从中国经济的阶段性特征出发适应新常态，保持战略上的平常心态；要顺应经济发展的高速增长转向中高速增长，以及经济结构的不断升级，要抓住从要素、投资驱动转向科技创新驱动的阶段性特征。

2015年11月，党中央正式提出了以"三去一降一补"（即去产能、去库存、去杠杆；降成本；补短板）为主要内容的供给侧结构性改革，并逐步形成了"宏观政策要稳，产业政策要准，微观政策要活，改革政策要实，社会政策要托底"的五大政策体系。

2017年，党的十九大报告指出，我国经济已由高速增长阶段转向高质量发展阶段，要以供给侧结构性改革为主线，不断推动经济发展的质量、效率和动力，加快建设我国现代化经济体系，进而不断增强我国经济的创新力和竞争力。

经济新常态的主要特征表现为：

第一，速度变化特征。新常态下，经济增长速度由过去的高速增长转为中高速增长，这是经济发展阶段转换的必然结果。这一变化要求我们在保持经济稳定增长的同时，更加注重经济发展的质量与效益。

第二，结构优化特征。新常态下，经济结构发生全面深刻的变化，不断优化升级。主要包括产业结构由中低端向中高端转换、需求结构由投资主导转向消费拉动、城乡区域结构更加协调、收入分配结构逐步改善等。这些变化有助于提升经济的整体素质和竞争力。

第三，动力转换特征。新常态下，经济发展动力从主要依靠要素投入和规模扩张转向主要依靠科技创新驱动。这意味着要加快形成以创新为主要引领和支撑的经济体系和发展模式，推动经济持续健康发展。

经济新常态本身是对过去一些经济政策、经济行为和习惯的一种改变，这些改变对于传统的经济发展模式提出了挑战，所以我们要适应这些变化。同样，这些变化也提供了更多的发展机遇，概括起来主要体现在以下几方面：

第一，战略性新兴产业加快发展的机会。"十二五"初期，七大新兴产业占整个经济的比重只有5%左右，当时计划到2015年，这个占比要提高到8%，到"十三五"时要提高到10%。这就意味着从"十二五"到下一个五年计划，这个新兴产业的增长速度要在20%~22%，如果GDP平均增长率是7%的话，则新兴产业的增长将远远超过7%。这不仅仅是一个目标，还需要一些措施配合。所以，发展新兴产业对我们来说是非常重要的机遇，这些新兴产业将是我国未来的支柱产业。比如节能环保产业，未来5年内的投资需求，据统计超过3万亿元，其中仅固废处理投资就有望达到7000亿元，城市污水和垃圾处理投资超过8000亿元，而未来7年内，新能源的投资将达到50000亿元，发展空间巨大。

第二，新兴市场业态的机会。随着互联网信息化和大数据的发展，涌现出更多的新的业态，而且与过去完全不同。按照过去统计局的行业划分已经远远不够了，统计局的指标体系也要发生相应的变化。这种变化的背后就是互联网信息化和大数据的推动。比如，基于互联网技术的中介服务平台，还有基于产业链、工业链的延伸和细分的业态，包括服务外包、服务配套，配件研发、商贸、物流类的企业，也是很好的机遇。基于社交网络趋势的，如博客、微博、微信、交友、婚恋，即时通信类的，像上哪吃饭、买什么东西等太多了。人们的生活完全在互联网上进行，这些都是新的业态，都有非常广阔的想象空间。

第三，技术变革的机会。移动互联网和大数据技术的发展，不仅改变了生产经营方式，而且深刻影响着人们的生活方式。截至最新统计，中国移动电话用户规模已突破13亿户，居全球首位；移动互联网用户数超过5亿户，这一规模同样居全球首位。在此背景下，我们将来可以依托移动互联网和大数据技术得以蓬勃发展。数据显示，中国每年移动支付的交易规模超过万亿元，而且每年高速增长，加上现在的云计算、搜索引擎、移动终端、传感器等的普及，一个大数据的时代扑面而来，会给我们的产业带来根本性的变革，数字经济将成为未来时期的经济潮流。

第四，服务业的跨越性发展机会。国家服务业占经济总量的比例，发达国家平均是在70%，美国在70%以上，全世界平均在60%。我国2013年服务业的增加值首次超过了工业的增加值，服务业成了中国第一大就业主体，吸纳的就业人数远远超过了制造业。在我国，服务业有非常广阔的想象空间，既有原来传统的衣食住行，更有很多基于新技术的服务业，而且发展势头强劲。按照这种趋势，第三产业占GDP的比重将会远超50%，也就是说第三产业将远大于第一产业与第二产业之和，而且服务业的产值及其对GDP的贡献将稳步增长。

第五，中西部地区崛起的发展机会。2000年，中央提出加快中西部地区发展的战略，通常叫作中部崛起或西部大开发。西部大开发的目的就是将东部沿海地区的剩余经济发展能力用于提高西部地区的经济和社会发展水平。中西部和东部与刚改革开放时的基础完全不一样了，它们已经有了非常好的基础设施，交通运输四通八达。所以，今天中西部的崛起完全不需要东部沿海那么长的时间。还有一个优势，"城市经营成本指数"，即在不同的城市办企业，经营成本是不一样的。如果把北京的成本指数定义为1的话，上海、广州、深圳、宁波等这些地方是0.87，西部只有0.67，也就是说你在中西部办企业，这个成本比在北京、上海等地节省30%多。当然这个优势不一定永远有，现在要到中西部办厂办企业，你也不能眼睛光盯住劳动力比东部便宜这个优势，这个优势转瞬即逝，一开始就应该把眼光定高，将来要靠资本密集型和技术密集型来取得优势。经过20多年的发展，中央关于中西部地区发展的战略政策已经取得了良好的效果。尤其是2008年金融危机以来，中西部的经济增长速度都是远超过沿海的。

第六，中国企业"走出去"面临重要机遇。近年来，中国已成为净资本输出国，即使在金融危机期间，"走出去"的步伐也未曾放缓。当然，我们"走出去"可能面临很多的挑战，包括制度和法律的挑战、贸易封锁的挑战、融资难的挑战、文化的挑战等。但总体而言，当前是中国企业"走出去"的有利时机。欧美国家现在主动招商引资，尤其是美国。为避免重蹈"次贷危机"引发的金融危机覆辙，美国正推动"再工业化"战略。另外，欧洲国家也欢迎中国企业投资，有一些国家甚至提供减税或免税优惠。但中国不光要看到欧美市场，还需要到新兴市场去投资。

2. 创新发展阶段

创新发展的内容较多,包括技术创新、制度创新等。创新的基础是传承,我们要在西方工业革命成果的基础上创新发展。从世界历史来看,能否抓住科技革命的机遇,已成为一个国家兴衰的关键。18世纪中叶,以蒸汽机为标志的英国工业革命率先实现工业化;19世纪下半叶,以电动机和内燃机为标志的电气革命,使法国、德国等国家迅速崛起为世界强国;19世纪后期至20世纪中叶,以进化论、相对论、量子论等为标志的科学革命,使美国成为世界头号强国;20世纪90年代,信息技术革命极大地促进了知识经济的形成和发展,美国创造了十年经济高速增长的奇迹,即所谓"美国的新经济时代",并巩固了其世界领先地位。

二、中国经济发展规律

(一) 中国GDP概况

1978—2021年中国GDP情况见表2-1。

表2-1 1978—2021年中国GDP情况

年份	GDP(亿元)	GDP(亿美元)	增长率(%)	人均GDP(元)
1978	3645	1495		381
1979	4063	1783	7.6	419
1980	4546	1911	7.8	463
1981	4892	1958	5.3	492
1982	5323	2051	9.0	528
1983	5963	2307	10.9	583
1984	7208	2599	15.2	695
1985	9016	3095	13.5	858
1986	10275	3007	8.9	963
1987	12059	2730	11.6	1112
1988	15043	3123	11.3	1366
1989	16992	3478	4.1	1519
1990	18668	3608	3.8	1644
1991	21782	3834	9.2	1893
1992	26923	4269	14.2	2311

续表

年份	GDP（亿元）	GDP（亿美元）	增长率（%）	人均GDP（元）
1993	35334	4447	14.0	2998
1994	48198	5643	13.1	4044
1995	60794	7345	10.9	5046
1996	71176	8637	10.0	5846
1997	78973	9619	9.3	6420
1998	84402	10290	7.8	6796
1999	89677	10940	7.6	7159
2000	99215	12113	8.4	7858
2001	109655	13374	8.3	8622
2002	120333	14706	9.1	9398
2003	135823	16603	10.0	10542
2004	159878	19553	10.1	12336
2005	183085	22860	10.2	14040（超英国、法国）
2006	211924	27521	11.6	16024
2007	249531	35503	11.9	18868（超德国）
2008	300670	45943	9.0	23126
2009	340507	51017	9.1	25608
2010	412119	60872	10.3	30015（超日本）
2011	487940	75515	9.2	36403
2012	538580	85322	7.8	40007
2013	592963	95704	7.7	43852
2014	641281	104757	7.4	47203
2015	685993	110616	6.9	50251
2016	740061	112333	6.7	53935
2017	820754	123104	6.8	60989
2018	919281	138948	6.7	66238
2019	986515	142799	6.0	66794
2020	1013567	147227	2.3	72447
2021	1143669	177272	8.1	79698

（二）中国 GDP 增长趋势

1950—2020 年中国 GDP 及其增长情况见图 2-1。

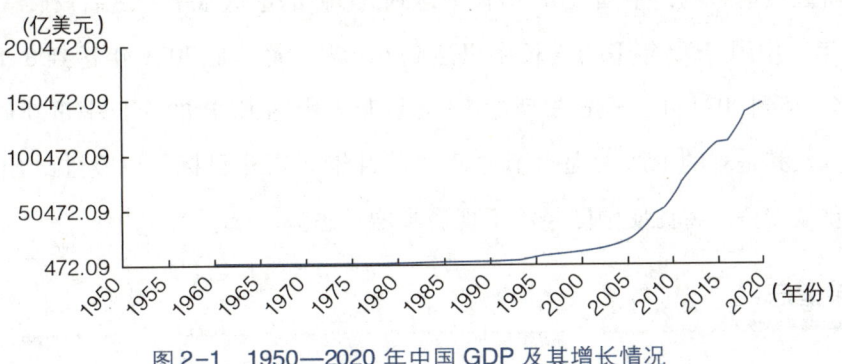

图 2-1　1950—2020 年中国 GDP 及其增长情况

（三）中国 GDP 增长率趋势

从 1978 年改革开放至今，中国 GDP 平均每年增长 9.04%，中国经济呈高速增长趋势（见图 2-2）。

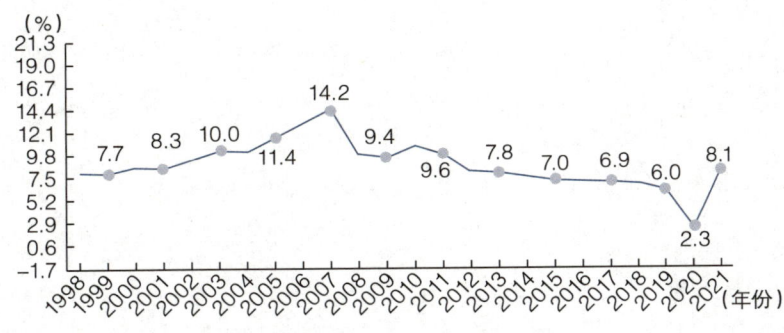

图 2-2　1998—2021 年中国 GDP 增长率

20 世纪 90 年代以后，中国 GDP 呈快速增长趋势。其中，1990 年的 GDP 为 18668 亿元；2020 年的 GDP 为 1013567 亿元，是 1990 年 GDP 的 54 倍多。

（1）中国 GDP 增长特征：增长时间长、增长速度高、增长率波动大。2000—2021 年，中国 GDP 年平均增长率为 8.3% 以上；1979—2021 年，中国 GDP 年平均增长率为 9.4%，但增长的波动性较大，其中，增长速度最高的是 1984 年的 15.2%，最低的是 2020 年的 2.3%。中国经济虽经历了改革开放以来到现在长达 40 多年的高速增长，但缺乏稳定性，所以寻求稳定的经济增长是中国经济发展面临的重要问题。

（2）中国经济长时期高速增长。2012年以后，中国GDP增长率放缓；2020年受新冠疫情影响，中国GDP增长率达到2.3%的最低水平，之后反转。2012—2021年，中国GDP年平均增长率仍达到6.6%，尤其是2021年达到8.1%，即从2012年到2021年，经过短暂的10年调整，中国GDP的增长率重新回到8%以上。尤其是党的十八大提出了"两个一百年"奋斗目标，以及陆续出台了一系列政策支持，将促使中国经济呈现稳步增长态势。

> **课堂总结**

1. 了解中国经济发展的历程。
2. 了解中国经济增长的现状及其发展的规律性。

第 5 课　中国经济发展的未来预期

一、中国经济增长的支撑因素分析

1949年新中国成立以来,中国经济发展不同时期的特征,是支撑中国经济发展的重要因素。

(一) 1949—1979 年

新中国成立到1979年属于计划经济时期。这一时期,经济发展虽然曲折,但为中国经济高速增长奠定了重要基础。

(1) 土地所有制改革为中国经济发展奠定了重要的资源基础。

根据1949年9月通过的《中国人民政治协商会议共同纲领》规定,国家要有步骤地将封建半封建的土地所有制改变为农民的土地所有制,保护国家的公共财产和合作社的财产,保护工人、农民、小资产阶级和民族资产阶级的经济利益及其私有财产,发展新民主主义的人民经济,稳步地变农业国为工业国。同时指出,土地改革是发展生产力和国家工业化的必要条件。

1950年6月30日,《中华人民共和国土地改革法》经中央人民政府委员会第八次会议通过后颁布实施,成为指导土地改革的基本法律依据。

《中华人民共和国土地改革法》规定:废除地主阶级封建剥削的土地所有制,实行农民的土地所有制,解放农村生产力,发展农业生产,为新中国的工业化开辟道路。据此,从1950年冬到1953年春,在新解放区占全国人口一多半的农村,完成了土地制度的改革。

1954年9月,第一届全国人民代表大会第一次会议通过并颁布了中国第一部宪法《中华人民共和国宪法》。根据《中华人民共和国宪法》规定，中华人民共和国生产资料所有制主要有以下几种：全民所有制、集体所有制、个体劳动者所有制、资本家所有制。同时规定，矿藏、水流、由法律规定为国家的森林、荒地和其他资源，都属于全民所有；国家为了公共利益的需要，可以依照法律规定的条件，对城乡土地和其他生产资料实行征购、征用或收归国有。

（2）新中国成立初期的"一化三改造"奠定了中国的社会主义工业基础。1953年提出的过渡时期的总路线，是以"一化三改造"为核心内容的总路线，又称为"公有化改造"，包括两个方面的内容：逐步实现国家的社会主义工业化；逐步实现国家对农业、手工业和资本主义工商业的社会主义改造。由此构成了社会主义的工业基础。

（3）实行社会主义公有制能够把有限的资源用于重点建设。比如，"工业学大庆""农业学大寨"。工业方面尤其重视重工业的发展；农业方面重视农田水利建设，对农业的影响深远。这正是公有制经济的优势。

（二）1979—2010年

1979年的经济体制改革，解放了生产力，经济持续高速发展。

1979—1990年，经过10多年的体制改革，为经济增长提供了制度保障。

1991—2010年，经济持续高速增长。这段时期的经济增长表现为资源型特征，尤其是房地产业成为这一时期经济发展的支柱产业，房地产业从快速发展到宏观调控，再到稳步发展的过程，对经济高速增长起到重要的支撑作用。

中国在1980年提出住房制度改革，邓小平同志明确指出，住房改革要走商品化的路子，从而揭开了住房制度改革的大幕。

1988年，国务院召开第一次全国住房制度改革工作会议，推出《关于在全国城镇分期分批推行住房制度改革的实施方案》。

1991年6月，国务院发出《关于继续积极稳妥地进行城镇住房制度改革的通知》。

经过10多年的酝酿和准备，中国于1992年启动实质性改革。1994年7月，《国务院关于深化城镇住房制度改革的决定》发布，其根本目的是，建立与社会主义市场经济体制相适应的新的城镇住房制度，实现住房商品化、社会化，逐步建立适应社会主义市场经济体制和中国国情的城镇住房新制度。加快住房建设，改善居住条件，促使住宅业成为新的经济增长点，满足城镇居民不断增长的住房需求。全面推行住房公积金制度，稳步出售公有住房，加快经济适用住房的开发建设。

1998年7月，国务院发布《关于进一步深化城镇住房制度改革加快住房建设的通知》，宣布全面停止住房实物分配，实行住房分配货币化，首次提出建立和完善以经济适用住房为主的多层次城镇住房供应体系。住房制度的改革，使得房地产业快速发展，由房地产及其相关产业支撑着国民经济的快速发展。

2003年以来，中央一方面继续推进住房制度改革，另一方面加大对房地产市场的调控力度。国务院先后颁发旧"国八条"、新"国八条"、"国六条"等一系列文件，提出在高度重视稳定住房价格的同时，加快建立和完善适合中国国情的住房保障制度。

2007年以来，宏观调控的力度进一步加大。同年8月，《国务院关于解决城市低收入家庭住房困难的若干意见》发布，规定低收入家庭主要通过廉租住房解决，外加经济适用住房；中等收入家庭根据各地实际可以采取限价商品房和经济适用房的办法解决；高收入家庭主要通过市场解决。这是中国房改历程中一个新的里程碑。同年10月，党的十七大提出，要加快推进以改善民生为重点的社会建设，努力使全体人民住有所居。尤其是2008年来自美国的次贷危机席卷全球，对经济发展的冲击较大，经济发展面临政策选择的关键时期。

（三）2011年至今

这一时期，经济发展受到国际金融危机的影响出现调整，是寻求和制定经济发展战略的重要时期。

2008年，受国际金融危机影响，房地产行业因受到宏观调控而发展受限，中国经济因缺乏支柱产业而面临经济下行。如何选择经济发展的支柱产业和政策导向，成为政策制定的重点。受此影响，中国GDP增长率自2012年开始长达9年的经济调整，至2020年达到2.3%，但年均增长率仍为6.5%，2021年回升至8.1%。

1. 国际金融危机的应对策略

2008年9月，国际金融危机全面爆发，中国经济增速快速回落，出口出现负增长，大批农民工返乡，经济面临硬着陆风险。为应对这种危局，中国政府于2008年11月推出了进一步扩大内需、促进经济平稳较快增长的十项措施。初步匡算实施如下十大措施，到2010年底约需投资4万亿元，故称"四万亿计划"。

十项措施如下。

一是加快建设保障性安居工程。加大对廉租住房建设支持力度，加快棚户区改造，实施游牧民定居工程，扩大农村危房改造试点。

二是加快农村基础设施建设。加大农村沼气、饮用水安全工程和农村公路建设力度，完善农村电网，加快"南水北调"等重大水利工程建设和病险水库除险加固，加强大型灌区节水改造。加大扶贫开发力度。

三是加快铁路、公路和机场等重大基础设施建设。重点建设一批客运专线、煤运通道项目和西部干线铁路，完善高速公路网，安排中西部干线机场和支线机场建设，加快城市电网改造。

四是加快医疗卫生、文化教育事业发展。加强基层医疗卫生服务体系建设，加快中西部农村初中校舍改造，推进中西部地区特殊教育学校和乡镇综合文化站建设。

五是加强生态环境建设。加快城镇污水、垃圾处理设施建设和重点流域水污染防治，加强重点防护林和天然林资源保护工程建设，支持重点节能减排工程建设。

六是加快自主创新和结构调整。支持高技术产业化建设和产业技术进步，支持服务业发展。

七是加快地震灾区灾后重建各项工作。

八是提高城乡居民收入。提高明年（2009年）粮食最低收购价格，提高农资综合直补、良种补贴、农机具补贴等标准，增加农民收入。提高低收入群体等社保对象待遇水平，增加城市和农村低保补助，继续提高企业退休人员基本养老金水平和优抚对象生活补助标准。

九是在全国所有地区、所有行业全面实施增值税转型改革，鼓励企业技术改造，减轻企业负担1200亿元。

十是加大金融对经济增长的支持力度。取消对商业银行的信贷规模限制，合理扩大信贷规模，加大对重点工程、"三农"、中小企业和技术改造、兼并重组的信贷支持，有针对性地培育和巩固消费信贷增长点。

2. 经济增长的产业发展政策

（1）2008年，国际金融危机严重影响经济增长，迫切需要振兴和发展实体经济。2009年9月，国务院召开三次新兴战略性产业发展座谈会，听取经济、科技专家的意见和建议。2010年9月，《国务院关于加快培育和发展战略性新兴产业的决定》发布，指出重点发展七大战略性新兴产业，同时指出把战略性新兴产业培育成为国民经济的先导产业和支柱产业。

（2）"十二五"规划对主导产业选择。一是培育发展战略性新兴产业，把战略性新兴产业培育发展成为先导性、支柱性产业。二是繁荣发展文化事业和文化产业，加快发展文化产业，推动文化产业成为国民经济支柱性产业。

（3）2015年5月，国务院正式印发《中国制造2025》，该文件指出，作为实体经济的代表，制造业是国家创新力的重要载体，也是走向经济强国的基础力量。按照《中国制造2025》的描述，制造业是国民经济的主体，是立国之本、兴国之器、强国之基。

（4）2017年10月，党的十九大报告首次提出实施乡村振兴战略。2018年2月发布《中共中央 国务院关于实施乡村振兴战略的意见》，9月发布《乡村振兴战略规划（2018—2022年）》。

二、中国经济增长的特征

纵观中国经济发展史，其经济增长的规律和特点体现在以下几个方面。

（1）从1979年改革开放后持续高速增长。改革开放以来，中国GDP年均增长率高达9%，且持续时间长达40多年。2005年超过英国、法国，2007年超过德国，2010年超过日本，成为世界第二大经济体。2021年，中国GDP总量为17.7万亿美元，而美国为22.9万亿美元，相差5.2万亿美元，其差距逐步缩小，超过美国将指日可待。

（2）主导产业突出时期，经济增长较快。比如，20世纪90年代以后，房地产业的快速发展，中国经济实现长达20多年的高增长。2012年后，支柱产业不突出，GDP增长率经历了长达9年时间的调整。

(3) GDP 增长率波动幅度较大，自 1979 年改革开放到现在，中国 GDP 增长率高达 15.2%、低至 2.3%，经济波动的风险较大，体现出经济发展政策缺乏一定的稳定性。

三、中国经济发展的未来预期

在未来较长时期，中国经济将以较高的增长率稳定增长，实现经济在较长时期的可持续发展。这种经济增长的未来预期，主要是基于以下发展战略的强劲支撑。

（一）主导产业系统的强劲支撑

中国经济在 1979 年改革开放后到 2010 年，长达 30 年的高速经济增长，主要靠房地产及其相关产业强劲发展的支撑。当经济体量较小时，单一的支柱产业可以带动经济发展。当经济体量较大时，单一的支柱产业将很难支撑起庞大经济体的高速增长，这种情况就需要有很大发展前景的支柱产业体系来支撑。2010 年以后逐步形成的产业体系构成了支撑未来经济高速增长的支柱产业体系（见图 2-3）。

图 2-3　2010 年后中国产业体系构成

（1）2010 年印发的《国务院关于加快培育和发展战略性新兴产业的决定》及之后形成的九大战略性新兴产业。

（2）2015 年 5 月，国务院正式印发《中国制造 2025》。

（3）2017 年 10 月，党的十九大报告提出实施乡村振兴战略。

以上内容包含的产业将形成一个支撑中国经济较长时期高速增长的产业体系，或者说构成一个支柱产业集群。

（二）党的十八大报告提出的战略规划

党的十八大报告提出"两个一百年"奋斗目标。从 2020 年到 21 世纪中叶可以分两个阶段来安排：第一个阶段，从 2020 年到 2035 年，在全面建成小康社会的基础上，再奋斗 15 年，基本实现社会主义现代化。第二个阶段，从 2035 年到 21 世纪中叶，在基本实现现代化的基础上，再奋斗 15 年，把我国建成富强民主文明和谐美丽的社会主义现代化强国。党的十八大报告确定的奋斗目标是对未来 30 多年的战略规划。在这一战略规划的指导下，中国经济的发展将大大降低经济增长的波动性，实现经济的稳定发展。

课堂总结

1. 了解中国经济发展的规律。
2. 了解中国经济未来的发展趋势。

第 6 课 中国证券市场的发展趋势

一、中国证券市场波动规律分析

以上证综合指数为例分析如下。

（1）中国股市从产生以来呈现逐波上行趋势。

经国务院授权，中国人民银行批准，上交所于 1990 年 11 月 26 日正式成立，并于同年 12 月 19 日在上海开张营业。上证指数从创立开始到现在，底部逐步抬高，呈现逐波上行的发展趋势（见图 2-4）。

图 2-4　1990 年 12 月至 2023 年 11 月上证指数日 K 走势

（2）上证指数的变动规律。综观上证指数的变动趋势，可以发现以下规律：一是一直处在上升通道中运行；二是这种上升通道是一种向上的箱体运行；三是自 2007 年的行情后调整，一直处在上升通道的下箱体运行，虽然较弱，但仍未改变上行的趋势（见图 2-5）。

图 2-5　1990 年 12 月至 2023 年 11 月上证指数一直处于上升趋势中

（3）2007 年和 2015 年两次大的行情，上证指数都是缓步调整到上升通道的下轨后启动（见图 2-6）。所以，股市调整并非坏事，它将为下一轮行情积蓄能量和空间。

图 2-6　股市与经济发展的联动性

二、中国股市与经济发展的联动性分析

（一）股市与经济增长趋势的一致性

综观中国经济发展与股市波动趋势可以发现，中国股市与经济增长趋势具有一致性，表现为持续上升趋势。这种一致性充分体现了经济发展态势决定股市的波动趋势。而且，中国经济在一系列政策强有力的支撑和推动下，还将在相当长时期持续地高速增长，中国股市没有理由步入下行，有继续上行的政策基础和经济基础。

（二）经济的高速增长与股市缓步上行的背离

中国经济从改革开放以来一直保持着高速增长，若将相同时期的经济增长与股市表现进行对比：1991年12月31日，上证指数为291.70点，同期GDP为21782亿元；2021年12月31日，上证指数为3639点，同期GDP为1143669亿元。数据显示，在此期间中国GDP增长了52.5倍，而上证指数仅增长12.48倍。此后，上证指数持续下行：2022年4月29日跌至3047点，随后跌破3000点；至2024年9月18日，指数跌至2689点，虽在年底反弹至3351点，但长期来看，中国股市仍围绕3000点弱势盘整，形成所谓的"3000点保卫战"。虽然中国经济增长与股市运行方向基本一致，但这种一致性存在着严重的背离现象，中国经济增长与股市上行二者相差4.2倍，为什么会存在这种严重的背离现象，究其原因可能是多方面因素的综合影响。虽然决定股市走势的最基本因素是经济发展状况，但股市的运行还受其他多种因素的制约，比如发展资本市场的目的以及资本市场的顶层设计和政策意向、股市的制度设计和运行规则的制定、参与者的行为约束等，这些都在很大程度上影响股市的发展和运行。

（三）股市的波动性强于经济的波动

股市的波动，除受经济增长的影响外，还受其他多种因素的影响。经济因素只是决定股市波动趋势的基础性因素，政治因素、国外因素乃至投资者的心理因素等都会影响股市的波动，所以，股市的波动性往往较大。但只要经济持续稳定发展，股市波动的方向就不会改变。从目前中国经济发展态势来看，中国股市波动的方向也将是持续向上的趋势。

(四) 两次股市上涨行情的经济因素分析

1. 2007 年行情分析

上证指数从 2004 年 4 月的 1760 点左右开始调整，到 2005 年 6 月达到 1000 点左右，低位整理到 12 月开始选择方向向上，经过近一年时间的行情修复，到 2006 年 11 月突破前期 1760 点左右的颈线位，启动一轮行情，通过上升五浪，到 2007 年 10 月达到 6124 点的高位，之后倒"V"形反转向下调整，经过一年时间到 2008 年 10 月调整到此轮行情的启动位置 1700 点左右企稳，此轮行情结束。

为何上涨？

（1）2005 年，中国证监会等五部门联合发布《关于上市公司股权分置改革的指导意见》，为股市的上涨腾出大幅空间，为暴涨提供了条件。

（2）人民币升值的影响。人民币与美元的汇率：2004 年，1 美元可兑换人民币 8.28 元；2007 年，1 美元可兑换人民币 7.38 元；2008 年，1 美元可兑换人民币 6.85 元。外资进入中国金融市场可获得巨大的人民币升值利益，大量外资涌入房市和当时只有 1000 点左右的股市，等待人民币升值。

（3）资金推动股市上行。合格的境外机构投资者持有大量国内有价证券资产，大量境外资本涌入中国推动股市上涨；国内基金规模的扩大，大量新基金发行，募集到的资金大量投资于股市；民间储蓄力量也涌入股市，推动股市上行。

（4）其他因素影响。比如，2008 年的北京奥运会推动信心增强。

多种因素的共同作用，推动了股市上涨。

为何下跌？

（1）价值规律的作用，暴涨后股票价格严重高于股票实际价值，股市下跌是价值规律。

（2）2007 年 4 月，开始显现通胀压力，政府不断调高商业银行的存款准备金率和存贷款利率，实行从紧的货币政策，打压股市势头过猛上涨。

（3）大小非解禁，紧随其后 IPO 解禁开始流通，再加上新股大量发行，使市场上股票严重供大于求，扩容压力加大。

（4）2007 年"5·30"事件后，外资纷纷撤资，转入房市或退出中国金融市场。2007 年 5 月 30 日，A 股上证指数暴跌 281.81，跌幅 6.5%；深成指跌

829.45，跌幅6.16%。其中，上证指数在短短的5个交易日里最大跌幅达到21.49%。股市这样快速下跌的主要原因就是在2007年5月29日深夜，财政部将股票交易费用中的印花税率由1‰提高到了3‰，而这一决策直接成为股市逆转的关键触发点。

（5）受次贷危机引发的全球金融危机影响，股市持续下跌。

2. 2015年行情分析

2007年的一轮行情，到2008年10月调整到1700点左右企稳，之后展开一轮反弹至2009年8月的3480点左右的相对高位，随后便逐波下行，经过近5年时间的调整，到2014年6月的2040点左右企稳，2014年9月突破前期2260点左右的颈线位，启动一轮行情，通过上升五浪，到2015年6月达到5178点的高位，之后倒"V"形反转向下调整到2015年8月的2950点左右，反弹到12月的3600点左右。随后，中国推出熔断机制的股市政策，并于2016年1月1日起正式实施。2016年1月4日，A股遇到史上首次"熔断"致使股市急速下挫，到2016年2月调整到2680点左右企稳，此轮行情结束。

为何上涨？

2013年11月，党的十八届三中全会通过《中共中央关于全面深化改革若干重大问题的决定》。2014年是中国全面深化改革的元年，已成为中国社会的共识。因此，对这波行情媒体都称为"改革牛"。改革内容主要包括：一是政府自身改革，如简政放权、转变政府职能等；二是经济方面的改革，涵盖了以市场化为导向、改革国企、提高民营经济地位、为民营经济发展扫除壁垒等方面。2014年，一系列改革利好出台，比如，7月银行改革、8月铁路石油改革、9月水利改革、11月金融券商改革，带动股市不断上涨。2015年3月，两会召开之后，改革利好不断出台，股市经过短暂调整后继续上涨，到2015年6月达到本轮行情的高点。

为何暴跌？

（1）股价估值过高。经过大半年时间的上涨，大部分股票股价已经翻番，股价进一步上涨的压力加大，机构投资者获利丰厚，并已逐步减仓出货。但大多数中小投资者被不断上涨的指数带来的赚钱效应所迷惑，盲目听信对大牛市宣传,从而对 5000 点以上的大盘所积累的高风险放松了警惕。

(2) 杠杆资金撤离。2015 年牛市又被称为"杠杆牛市",那一轮牛市都是靠杠杆资金推动的,所以一旦去股市杠杆资金的时候,这些杠杆资金就会不计成本地出逃。截至 2015 年 6 月,场内、场外配资规模达到最高峰 4.8 万亿元,股价也被逐步推高。但杠杆资金对于大盘的下跌十分敏感,当股市行情走坏时,为了避免被系统强行平仓,很多杠杆资金会尽快离场,这就助长了市场的下跌。6 月 13 日午间,证监会发布消息,要求证券公司对场外配资进行清理,配资开始撤出,引发大面积下跌。

(3) 做空制度加剧市场恐慌。期货具有助涨助跌功能,当股指下跌时,会加剧市场恐慌。2015 年 4 月 16 日,上证 50、中证 500 股指期货正式面市。在 5—6 月股市和杠杆资金都处在高位的时候,中证 500 股指期货的持卖单量也达到高峰。由于中证 500 可以较准确地反映大部分股票走势,大家只能开出更多中证 500 的空单对冲,而大量的空单又加剧了股市的恐慌下跌,于是形成恶性循环。

(4) 新股发行加速。从 2015 年 5 月开始,证监会加快了新股发行速度。大量的新股发行,冻结了大量的资金,加大了股市的"抽血"效应,使大盘上涨的动力减弱,加剧了股市的震荡幅度。

课堂总结

1. 了解中国股市发展的规律性。
2. 了解中国股市的发展趋势。

注意:把握股市波动的趋势非常重要,有助于制定有效的投资战略。在股票投资中,有种投资方法叫作"趋势投资法",所以对趋势的把握至关重要。

第三章

宏观经济周期分析

第 7 课　经济增长与经济周期

一、经济周期及其影响

(一) 经济周期的解释

经济周期理论是西方经济学对资本主义再生产过程中每隔一定时期反复出现的经济危机进行解释的理论。一般来说，经济周期，是指国民经济在运行过程中会沿着经济发展的总体趋势循环往复地出现有规律的扩张与紧缩的周期性波动变化。通常把它分为繁荣、衰退、萧条和复苏四个阶段（见图 3-1）。其中，繁荣和萧条阶段是经济周期的两个主要表现，而衰退和复苏阶段是两个过渡阶段。

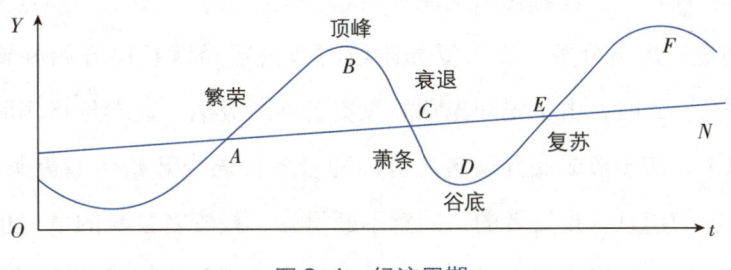

图 3-1　经济周期

(二) 经济周期各阶段的一般特征

繁荣阶段：国民收入高于充分就业的水平，生产迅速增加，投资增加，信用扩张，价格水平上升，就业增加，公众对未来经济发展保持乐观。

衰退阶段：从繁荣到萧条的过渡时期，经济开始从顶峰下降，但仍未达到谷底。

萧条阶段：国民收入低于充分就业水平，生产急剧减少，投资减少，信用紧缩，价格水平下跌，失业严重，公众对未来持悲观态度。萧条阶段的最低点称为"谷底"，这时就业与产量跌至最低。

复苏阶段：从萧条到繁荣的过渡时期，这时经济开始从谷底回升，但仍未到达顶峰。

（三）经济周期对股票投资的影响

经济周期及其波动，对微观主体来说是外部环境，微观主体无力改变外部环境，但可以通过内部条件的改善，积极适应外部环境的变化，以提高行为的有效性。在股票投资中，影响股市走势的因素有很多，其中最主要的因素之一就是经济周期。所以，研究宏观经济运行的周期性及其所处阶段，有助于制定有效的投资策略。

（1）总体上讲，证券价格的变动大体上与经济周期一致。经济繁荣，证券价格上涨；经济衰退，证券价格下跌。

（2）萧条阶段，经济下滑至低谷，百业不振，公司经营情况不佳，证券价格低位徘徊。由于预期未来经济状况不佳，公司业绩得不到改善，大部分投资者已离场观望，只有那些富有远见且在不断地搜集和分析有关经济形势并合理判断经济形势即将好转的投资者在默默地吸纳。

（3）当经济走出萧条、步入复苏阶段时，公司经营状况开始好转，业绩上升，债信提高。此时，由于先知先觉的投资者不断吸纳，证券价格实际上已经回升至一定水平，初步形成底部反转之势。随着各种媒介开始传播萧条已经过去、经济日渐复苏的消息，投资者的认同感不断增强，投资者自身的境遇也在不断改善，从而推动证券价格不断走高，形成了对底部反转趋势的确认，投资者的信心逐步恢复。

（4）随着经济的日渐活跃，逐渐步入繁荣阶段，公司的经营业绩也在不断提升，并通过增资扩大生产规模，占有市场。由于经济的好转和证券市场上升趋势的形成得到了大多数投资者的认同，投资者的投资回报也在不断增加，投资者的投资热情高涨，推动证券市场价格大幅上扬，并屡创新高，整个经济和证券市场均呈现一派欣欣向荣的景象。此时，一些有识之士在充分分析宏观经济形势的基础上认为经济高速增长的繁荣阶段即将过去，经济将不会再创高潮，因而悄悄地卖出所持证券。但证券价格仍在不断上扬，多空双方的力量在逐渐发生变化，因此，价格的上扬已成强弩之末。

（5）由于繁荣阶段的过度扩张，社会总供给开始超过总需求，经济增长减速，存货增加，同时经济过热造成工资、利率等大幅上升，使公司营运成本上升，公司业绩开始出现停滞甚至下降之势，繁荣之后衰退的来临不可避免。在衰退阶段，更多的投资者基于对衰退来临的共同认识加入抛出证券的行列，从而使整个证券市场完成中长期筑顶，形成向下的趋势。

二、经济周期理论

（一）经济周期类型

周期性变化的成因不同，构成了不同类型的经济周期理论，包括基钦周期理论、朱格拉周期理论、库兹涅茨周期理论和康德拉季耶夫周期理论等。不同的经济周期理论及其指标见表3-1。

表3-1　不同的经济周期理论及其指标

性质	周期理论名称	持续时间（年）	关键指标
长周期	康德拉季耶夫周期理论	50~60	资本积累
中周期	库兹涅茨周期理论 朱格拉周期理论	15~25 9~10	建筑业的兴衰 固定资产投资
短周期	基钦周期理论	3~4	存货调整

（1）基钦周期理论，由英国经济学家基钦于1923年提出。该理论认为，经济波动有大周期和小周期之分，小周期平均长度为40个月，一个大周期通常由两三个小周期构成，这种约40个月的周期被称为"基钦周期"或"短周期"，又称"短波理论"。该理论是以库存变动为标志划分的，就是厂商会在生产过多时形成存货，进而减少生产，导致经济出现长达3~4年的周期性波动。

（2）朱格拉周期理论，由法国医生、经济学家朱格拉于1860年在《论法国、英国和美国的商业危机以及发生周期》一书中首次提出。朱格拉指出，市场经济存在着9~10年的周期波动。这种中等长度的经济周期被后人称为"朱格拉周期"，也称"朱格拉中周期"。该理论是以资本支出的波动为标志划分的。一般从设备投资占 GDP 的比例看出，也就是根据人们的投资情况，经济会周期性地出现繁荣、危机与萧条三个阶段，合计时间差不多是 10 年。

（3）库兹涅茨周期理论，由美国经济学家库兹涅茨于 1930 年在《生产和价格的长期运动》一书中提出。由于该周期主要以建筑业兴衰的周期性波动现象为标志来划分，也就是房子多久会翻新一次，或者会重建一次，这个时间就比较长，平均为 20 年，所以也被称为"建筑周期"。

（4）康德拉季耶夫周期理论，由俄国经济学家康德拉季耶夫于 1926 年在美国发表的《经济生活中的长波》一文中提出。他对英国、法国、美国等国家 18 世纪末到 20 世纪初 140 年的批发价格水平、利率、工资、对外贸易等 36 个系列统计项目进行加工分析，结果显示经济发展中平均 50～60 年为一个长期波动周期。因此，他提出资本主义经济中历时 50～60 年的周期性波动理论。该理论是以技术变革为标志划分的，也就是我们常说的康波理论。康德拉季耶夫认为，长波产生的根源是资本主义经济实质固有的那些东西，尤其与资本积累密切相关。

（二）经济周期的不同解释

1. 凯恩斯主义经济周期理论

凯恩斯主义经济周期理论，主要源于消费的边际倾向递减、资本的边际效率递减、流动性偏好规律等三大规律，这三大规律均会导致经济在运行过程中呈现"繁荣、衰退、萧条、复苏"的周期特征。具体来看，当经济处于繁荣过程中时，由于市场对未来预期较为乐观而大幅增加投资，资本的边际产出趋于下降、利润逐渐走低，生产过剩的特征会越发明显，并可能引发产能过剩危机和经济危机，进而造成市场信心不足、投资开始萎缩、失业上升、存货积压明显。此时，政府部门需要通过逆周期需求管理政策来平滑这一波动。

2. 弗里德曼的经济周期理论

弗里德曼在《美国货币史》中批评凯恩斯主义者忽略货币供应、金融政策对经济周期的重要性，提出货币和信贷的扩张与收缩是影响总需求的最基本因素，并认为它们是经济周期的决定力量。

3. 萨缪尔森的新古典经济周期理论

萨缪尔森将居民边际消费倾向和资本—产出比例作为经济周期波动的主要决

定变量，研究经济运行过程的波动特征。他认为，经济运行本身和投资、消费之间的交互作用会导致经济运行本身出现周期性波动，因此主张通过宏观经济政策对这种波动进行调控。

4. 哈耶克的经济周期理论

奥地利经济学家哈耶克于1929年及1931年提出货币因素是促使生产结构失调的决定性原因。他认为，经济周期源于货币信用的扩张对均衡结构的破坏，其中心思想是货币信用的扩张与收缩导致了经济的波动，即信贷扩张很容易导致资本的错配和错误的投资增加，随后一旦信贷开始收缩，经济危机的隐患就会随之而来。

5. 希克斯的经济周期理论

英国经济学家希克斯在《经济周期理论》一书中提出其经济周期理论思想。其经济周期理论同样是以乘数效应和加速原理为基本思想。希克斯认为，经济产量的增长会由于加速原理引起投资的加速度增长，投资增长又会通过乘数效应推动产量成倍数增长（受制于经济周期上限），收缩时则按照同样的路径（受制于经济周期下限），这一过程形成所谓完整经济周期，时长为7~10年。

6. 熊彼特的经济周期理论

熊彼特于1934年在《经济周期：资本主义过程的理论、历史和统计分析》一书中提出银行信贷、创新、技术变革等外部因素是经济周期的重要根源，即经济周期由供给冲击引起，需求冲击不重要。具体来看，企业家的创新活动会推动经济脱离长期均衡的轨道，但创新的非连续性以及繁荣过程中的物价上涨、信贷紧缩等会导致繁荣的过程中止。创新的特点之一是，它不是均匀地连续出现，而是时断时续地出现，所以经济发展的进程表现为繁荣与萧条交替更迭，反复出现。

三、经济周期的改变

无论是生产过剩、需求不足，还是货币信用情况、心理因素、生产的技术条件乃至国家的政策措施等，都是导致经济周期性变动的表面现象。资本主义经济周期和危机的实质性原因是资本主义基本矛盾发展到一定程度的产物，或者说市场经济的自发性和盲目性导致市场失灵，同样是危机产生的根源。

由于市场失灵，经济危机发生，形成经济周期性波动。通过政府的干预和经济政策的变化虽不能改变经济危机的发生，但可以改变经济周期的变动，比如，在经济萧条阶段，通过政府刺激经济的干预措施可以使经济提前复苏；经济繁荣阶段，通过合适的经济政策同样可以延长经济的繁荣等。效应不合适的经济政策也会缩短经济繁荣期。说明经济干预不一定是坏事，关键看怎么干预。

课堂总结

1. 了解经济周期的含义。
2. 了解经济周期性变动的一般原因。
3. 了解经济周期及其变动对于投资的影响。

第8课　中国经济增长的周期性分析

一、中国经济运行的不同类型

自1979年改革开放以来，中国经济一直保持着较高速度的增长，但经过2008年的国际金融危机后，尤其是到了2012年，中国经济的GDP增长率从之前的9%以上下降到7.8%，并且经济下行的压力仍旧很大。中国经济的未来走势备受关注，已成为当时的热点问题。

（一）L形经济走势

2015年5月起，《人民日报》头版几次专访了权威人士谈中国经济形势。

2015年5月25日，《人民日报》刊登了《五问中国经济》。

2016年1月4日，《人民日报》刊登了《七问供给侧结构性改革》。

2016年5月9日，《人民日报》刊登了权威人士专访文章《开局首季问大势》。

首先是中国经济的走势。文章指出，中国经济运行不可能是U形走势，更不可能是V形走势，而是L形走势。在《七问供给侧结构性改革》中，权威人士也谈到中国经济走势：在当前形势下，国民经济不可能通过短期刺激实现V形反弹，可能会经历L形增长阶段。2014—2015年，中国经济实际上已经处于L形走势快速下坠的底部阶段，但是速度仍没有降下来，依然会发生中速的经济下滑。同时，2016—2018年是中国经济探底的过程。

其次是阻碍中国经济保持持续高增长的核心问题。权威人士认为，中国经济目前最核心的问题是经济结构严重失衡。

最后是目前增速回落的速度和幅度是否合乎预期。权威人士认为，增速回落是经济进入新常态的重要特征，当前经济运行情况在意料之中，经济增速回落的速度和幅度仍处于合理区间。在增速放缓的同时，经济发展质量进一步提高，结构调整稳步推进，转型升级势头良好。总的来看，经济增速符合预期目标。

（二）中国经济增长趋势及规律

1. GDP 总值

自新中国成立以来，中国的 GDP 一直处于快速增长中，从 1949 年的 600 多亿元到 1978 年的 3600 多亿元，30 年翻了 5 倍多。1979 年改革开放后，GDP 继续快速增长，到 2005 年已经达到 18.3 万亿元，折合为 2.28 万亿美元，超过英法，随后又超过了德国，并在 2010 年达到 41.2 万亿元，折合为 6.09 万亿美元，超过日本，一跃成为世界第二大经济体。此后，中国的 GDP 也一直快速增长，并于 2020 年突破 100 万亿元。具体数据见表 2-1 和图 2-1。

2. GDP 增长率

自新中国成立以来，中国 GDP 一直处于增长之中，1979 年改革开放同比 GDP 增长率更是常年处于 10% 以上，直到 2008 年世界金融危机后增长率有所放缓，但平均增长率依然保持在 6% 以上。具体数据可见表 2-1 和图 2-2。

3. 中国经济增长特征

（1）GDP 呈持续增长趋势，尤其是 20 世纪 90 年代以后快速增长。

（2）GDP 增长率总体上呈较高增长，波动幅度较大，但未呈现 U 形、V 形以及 L 形的增长类型。

（3）中国经济的 GDP 增长率呈现极不稳定的高增长特征。解决经济增长的稳定性尤为重要。

二、中国经济的周期性

（1）周期性是市场经济波动的特征体现。在经济发展中，持续的经济繁荣固然很好，但经济萧条并不完全是坏事，通过萧条为下一轮经济复苏准备资源配置。

（2）经济周期是一种经济特征，并非有固定长短的周期。

（3）经济政策和政府干预可以改变周期的长短。通常，合适的经济政策可以缩短经济萧条期，延长经济繁荣期。比如，2008 年受国际金融危机的影响，中国政府及时推出 4 万亿元的投资，并且主要投资基础设施等方面的建设，对于消除危机的影响意义重大；同样地，随后一系列经济发展政策，将延长经济的繁荣期。

> **课堂总结**

1. 了解中国经济走势的预判。
2. 了解中国经济的周期性变化。

第四章

宏观经济指标分析

第9课 宏观经济指标及其变动的影响

一、宏观经济指标系统

(一) 宏观经济指标概览

宏观经济,是指国民经济总体及其经济活动和运行状态。比如,国民经济的总供给与总需求、经济总值及增长速度、经济结构、物价水平等。宏观经济指标主要包括 GDP、通货膨胀与紧缩、投资指标、消费指标、金融、财政指标等。这些指标构成了宏观经济指标体系,是综合分析和评价宏观经济系统所需的一系列变量的集合。宏观经济指标很多,这里介绍一些主要指标。

总量指标变动的影响前文已讨论,资金指标将在货币政策中讨论,这里主要讨论价格指标和需求指标变动的影响。宏观经济指标体系见图 4-1。

图 4-1 宏观经济指标体系

（二）宏观经济需求指标

按照宏观经济理论，宏观经济学的最终目标是寻找保持国民收入稳定增长的对策。而国民收入，在短期内取决于总需求曲线和总供给曲线，总需求曲线又取决于三个市场的变量，即产品市场、货币市场和国际市场的情况。这些市场共同作用的综合，构成宏观经济学最核心的理论：IS-LM 分析模型。

根据支出法核算 GDP，就是通过核算在一定时期内整个社会购买最终产品的总支出，即最终产品的总卖价计量 GDP，包括四部分的总支出，即消费 C、投资 I、政府购买 G 和净出口 NX，也就是四部分的需求总和，构成总需求。表示为

$$GDP = C + I + G + NX \quad (NX = 出口\ X - 进口\ M) \tag{4-1}$$

政府购买，在一定程度上体现了国家政策的调控。因此，从支出的角度来看，一国经济（GDP）主要由三个方面决定：消费、投资和净出口，俗称"三驾马车"，也是宏观经济分析的重要变量。

二、宏观经济指标的公布

中国重要宏观经济指标公布日期见表 4-1。

表 4-1　中国重要宏观经济指标公布情况

指标内容	机构	频	公布日期	备注
国民经济运行情况	国家统计局	旬	19 日、15 日	下半年起，每月发布
季度主要行业增加值	国家统计局	旬	20 日、16 日	
官方 PMI	国家统计局	月	每月 1 日	大中型企业（3000 家）
汇丰 PMI	Markit	月	每月 1 日	中小型企业（400 家）
CPI、PPI	国家统计局	月	每月 9—11 日	2 月与 10 月长假顺延
进出口贸易	海关	月	每月 8 日，每旬 13 日	2 月春节顺延
结售汇数据	国家外汇局	月	每月 16—21 日	
固定资产投资（累计）	国家统计局	月	旬度 19 日、15 日公布，其他月份 12—24 日公布	3 月合并公布 1—2 月
房地产开发与销售	国家统计局	月		
社会消费零售总额	国家统计局	月		
货币数据	中国人民银行	月	每月 10—15 日	M1、M2、存贷、社融
财政收支	财政部	月	每月 12—15 日	
70 大中城市住宅价格	国家统计局	月	每月 18—19 日	2 月和 10 月延后发布
工业经济效益	国家统计局	月	每月 27 日	3 月合并公布 1—2 月

三、宏观经济指标变动的影响

如前所述,宏观经济体现的是实体经济,而股市体现的是虚拟经济,实体经济决定虚拟经济。通常,宏观经济因素是影响证券市场长期走势的唯一因素,而其他因素可能会改变短期走势,但不能改变长期走势。所谓趋势投资的"趋势"是指宏观经济环境。因此,不看宏观经济环境,就盲目进入股市,是鲁莽的行为。宏观经济指标变动的影响主要表现在以下方面。

(1) 企业的经济效益。如果宏观经济运行良好,企业盈利水平提高,那么股价就会上涨。反之,如果宏观经济运行状况不好或者经济下行,企业盈利水平下降,那么股价可能会下跌。这是股价变动的最根本因素。

(2) 居民收入水平。经济周期处于上升阶段,居民收入水平提高,会拉动内需,使相关产业受益。

(3) 资金成本。利率水平降低和征收利息税的政策,将会促使部分资金由银行储蓄变为投资,进而影响证券市场。

(4) 投资者对股价的预期。如果投资者对市场有信心,愿意把钱投入股市,市场的人气就会旺盛,从而推动股价上升,但这要有一个好的经济环境为前提。

课堂总结

1. 了解一些主要的宏观经济指标。
2. 了解宏观经济与股市的关系。

记住:如果不看宏观经济环境,就盲目进入股市,是鲁莽的行为。

第 10 课 CPI 指标及其变动的影响

一、CPI 指标及其作用

（一）CPI 指标的含义

1. 经济含义

CPI 又叫消费者物价指数，是反映一定时期内居民家庭购买生活消费品和支出服务项目费用价格变动趋势和程度的相对数。

2. 统计范围

CPI 涵盖全国城乡居民生活消费的食品烟酒、衣着、居住、生活用品及服务、交通和通信、教育文化和娱乐、医疗保健、其他用品及服务等八大类 262 个基本分类的商品与服务价格。

注意，CPI 不直接包括商品房销售价格，但是包含居住类的价格。在居住类价格中，包括建房和装修材料、住房租金、自有住房、水电燃料，其中，自有住房包括住房估算租金、物业管理费用、维护修理费等，这实际上都是与房价密切相关的。首先，国际上大家都讲究可比，各国的 CPI 都不直接包括房价，都是通过间接的方式，像贷款利率、建筑材料、房屋租金等，所以，各国之间为了可比，必须统一。其次，房屋的购买是一种投资行为，只有每年的日常消费才构成消费。中国 CPI 八大构成见图 4-2。

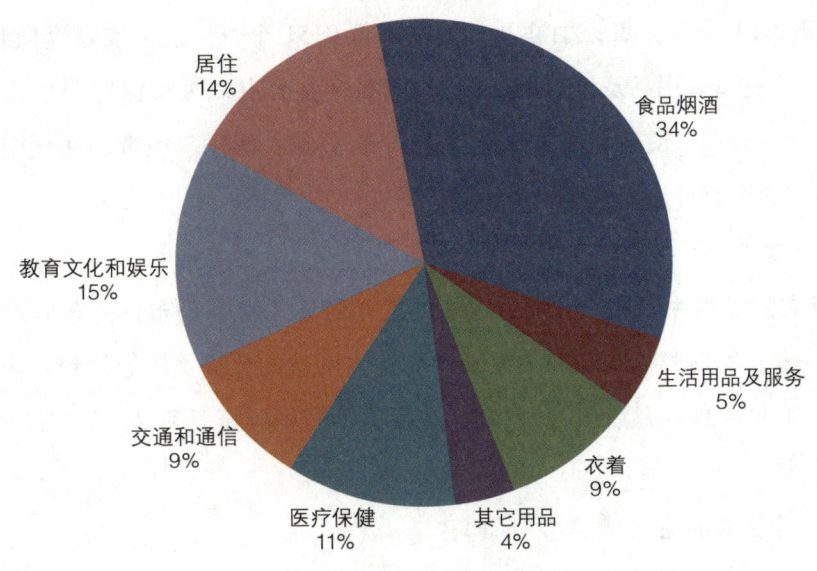

图 4-2 中国 CPI 八大构成

3. 计算方法

$$CPI = \sum W_i P_i \quad (4-2)$$

其中，W_i 为单项指标价格变动率；P_i 为单项指标在 CPI 计算中所占权重系数。

或者

$$CPI = 一组固定商品按当期价格计算的价值/$$
$$一组固定商品按基期价格计算的价值 \times 100\% \quad (4-3)$$

为了更好地适应我国经济社会发展和城乡居民消费结构变化，切实保障 CPI 计算的科学性和准确性，我们对 CPI 调查方案进行了例行调整，涉及对比基期、权数构成、调查网点和代表规格品的调整。

（1）从 2011 年 1 月起，我国 CPI 开始计算以 2010 年为对比基期的价格指数序列。这是自 2001 年计算 CPI 定基价格指数以来，第二次进行基期例行更换。第一轮基期为 2000 年，第二轮基期为 2005 年。调整基期，是为了更容易比较。因为对比基期越久，价格规格品变化越大，可比性就会下降。选择逢 0、逢 5 年度作为计算 CPI 的对比基期，是为了与我国国民经济和社会发展五年规划保持相同周期，便于数据分析与使用。

（2）根据 2010 年全国城乡居民消费支出调查数据以及有关部门的统计数据，按照制度规定对 CPI 权数构成进行了相应调整。其中，居住提高 4.22 个百分点，食品降低 2.21 个百分点，烟酒及其用品降低 0.51 个百分点，衣着降低 0.49 个百分点，家庭设备用品及维修服务降低 0.36 个百分点，医疗保健和个人用品降低 0.36 个百分点，交通和通信降低 0.05 个百分点，娱乐、教育、文化用品及服务降低 0.25 个百分点。

4. 数据公布

CPI 月度数据由国家统计局通过新闻发布的形式统一公布，公布形式包括国务院统一安排的新闻发布会和国家统计局官方网站的传播。国家统计局发布 CPI 的时间，月度一般在月后 13 日左右，季度、年度则延至月后 20 日左右。CPI 公布内容包括：

（1）全国及各省（区、市）CPI；

（2）36 个大中城市 CPI。

国家统计局 CPI 月度新闻稿中含有总指数、大类指数及部分中类指数的变化描述。

（二）功能及作用

（1）CPI 编制的目的在于观察居民生活消费品及服务项目价格的变动对城乡居民生活的影响；为政府掌握居民消费状况，研究和制定居民消费价格政策、工资政策，以及新国民经济核算体系中有消除价格变动因素的不变价格核算提供科学依据；同时，也是货币政策（如利率政策）制定的依据。

（2）度量通货膨胀或通货紧缩。CPI 是反映与居民生活有关的产品及劳务价格变动的综合指标，通常作为观察通货膨胀或紧缩的重要指标。而通货膨胀是物价水平普遍而持续的上升，CPI 的高低可以在一定程度上说明通货膨胀的严重程度。

（3）反映货币购买力变动。货币购买力，是指单位货币能够购买到的消费品和服务数量。若 CPI 上涨，则货币购买力下降；反之，则货币购买力上升。CPI 的倒数就是货币购买力指数。

（4）反映对职工实际工资的影响。CPI 的提高意味着实际工资的减少，CPI 的下降意味着实际工资的提高。因此，可利用 CPI 将名义工资转化为实际工资。

二、CPI 指标变动对资本市场的影响

作为反映价格水平变化的宏观经济指标，CPI 的变动在一定程度上反映了通货膨胀或者通货紧缩的程度。严格地说，CPI 的变动与股市没有直接的数量关系，但是股市是国民经济的"晴雨表"，CPI 的变动会间接影响资本市场。

（一）CPI 持续上涨的影响

CPI 持续上涨，一方面，意味着物价，尤其是消费品价格上涨，对股市来说，最明显的是消费类股票受益，推动股价上涨。另一方面，CPI 持续上涨，最直接的表现就是物价上涨和通货膨胀。这意味着货币贬值，货币购买力下降，但是收入水平在短期内没有相应上升，居民生活压力反而增大，用于投资的资金相应减少，对股市不利。

（二）CPI 持续下降的影响

通常 CPI 持续下降的影响与其上涨时的影响相反。短期来看，因为 CPI 下降会使物价下降，在一定程度上对消费者是利好现象，但如果持续时间过长，就会造成企业不景气，影响收入增长，最终受影响的还是消费者。而随着物价的下跌，股价也会相应下跌。值得注意的是，CPI 持续下降的情况相对较少，因为在纸币流通的情况下，通货膨胀才是最普遍的现象，而通货紧缩只能是短期的偶然现象。

（三）CPI 变动的政策预期及其影响

CPI 的变动体现了物价和币值的变动，通常情况下表现为物价上涨和通货膨胀。短期内可能会因商品价格上涨，诱导股价上涨。但从长期看，如果 CPI 持续上涨，就会表现为持续的通货膨胀和货币贬值，不利于经济发展。在政策层面，CPI 持续上涨可能会导致通过紧缩的财政政策和货币政策进行宏观调控。比如，提高利率、提高存款准备率等，这种紧缩的宏观调控政策的作用，将会导致股价下跌。理论界有一种说法，温和的通货膨胀有利于经济增长，相应地，也有利于股市。

课堂总结

1. 了解 CPI 指标的经济含义。
2. 了解 CPI 指标变动的影响。

注意：CPI 指标的变动对股市的影响，虽然没有确定的函数关系，但这种影响是存在的，而且这种影响的作用可能会很大。所以，在股票投资中，要关注 CPI 指标的变动，调整股票投资策略。

第 11 课　PPI 指标及其变动的影响

一、PPI 指标及其作用

(一) PPI 指标的含义

1. 经济含义

PPI 是衡量工业企业产品出厂价格变动趋势和变动程度的指数，是反映某一时期生产领域价格变动情况的重要经济指标，也是制定有关经济政策和国民经济核算的重要依据。

2. 统计范围

PPI 共调查九大类商品：

①燃料、动力类；

②有色金属类；

③有色金属材料类；

④化工原料类；

⑤木材及纸浆类；

⑥建材类，如钢材、木材、水泥；

⑦农副产品类；

⑧纺织原料类；

⑨工控产品。

3. 计算方法

$$I_p = \frac{\sum p_{1i} q_i}{\sum p_{0i} q_i} \qquad (i=1, 2, \cdots, n) \qquad (4-4)$$

其中，p_{1i} 为报告期所有抽选的 n 种商品（$i=1, 2, \cdots, n$）的价格；p_{0i} 为基期这些商品的价格；q_i 为权重，采用基期的第 i 种商品销售量（q_i）作为权重。

4. 数据公布

PPI 与 CPI 数据同时公布。

5. PPI 与 CPI 的区别与联系

（1）根据价格传导规律，PPI 对 CPI 有一定的影响。PPI 反映生产环节的价格水平，CPI 反映消费环节的价格水平。整体价格水平的波动一般先出现在生产领域，然后通过产业链向下游产业扩散，最后波及流通领域消费品。以工业品为原材料的生产，即工业品价格向 CPI 的传导途径为：原材料→生产资料→生活资料。

（2）CPI 不仅包括消费品价格，还包括服务价格，是反映生活资料及劳务价格变动趋势和变动程度的指数，通常作为观察通货膨胀的重要指标；而 PPI 是衡量工业企业产品出厂价格变动趋势和变动程度的指数。CPI 与 PPI 在统计口径上并非严格的对应关系。因此，CPI 与 PPI 的变化在某一时期出现不一致的情况是有可能的。但如果 CPI 与 PPI 长期持续处于背离状态，就不符合价格传导规律。

（二）功能和作用

（1）PPI 可以衡量制造业制成品出厂价格的变化。PPI 是用来衡量生产者在生产过程中所需采购品的物价状况。调查的对象主要包括化工原料，农副产品，燃料、动力等九大类商品，同时还包括对原料、半成品和最终产品等三个生产阶段的考察，因为生产过程中的价格波动最终是通过成品体现的。因此，PPI 也被用来预测成品未来的价格变动。

（2）通过价格传导规律，对 CPI 产生一定的影响。PPI 可以衡量企业购买的一篮子物品和劳务的总费用。CPI 是衡量与生活相关的产品和劳务价格波动的指数。由于企业最终要把它们的费用以更高的消费品价格形式转移给消费者，通过价格传导规律，PPI 的变动会对 CPI 产生一定的影响。或者，通过 PPI 的变动预测 CPI 的变动是有用的。

（3）PPI 还可以作为衡量通货膨胀水平的重要参考指标。一般来说，PPI 的上涨会伴随着通货膨胀的风险,通常可以称为"成本推动型通货膨胀"。

二、PPI 指标变动对资本市场的影响

PPI 是常见的经济数据指标,通常用来衡量制造业的产品出厂价格变动趋势和变动程度,是反映生产领域价格变动状况的重要经济指标,也是影响资本市场的重要经济指标。

(1) PPI 上涨,意味着企业生产成本增加、利润空间被压缩。如果企业能够将成本转嫁到消费品价格上,则消费品价格在短期内有上涨的可能,导致股价上涨。但如果 PPI 较长时期上涨,而且 PPI 高于预期值,未来就有通货膨胀的风险;若 PPI 低于预期值,未来就有通货紧缩的风险。

(2) PPI 上涨,意味着企业生产成本增加,利润空间被压缩。如果企业无法将加大的成本转移给市场消费者,企业的利润就会减少,公司业绩会明显下降,公司的股价也可能有所下降。对于投资者来说,投资回报的预期降低,会降低投资者的信心。若大范围出现这样的情况,就会导致股票市场整体出现下跌。

综上所述,PPI 主要是用于预测未来物价变化的宏观经济数据指标,PPI 指标上涨会增加企业的成本,导致其利润降低,从而影响公司股价。

三、为什么 PPI 指数更重要

相对于 CPI,PPI 更重要。通常人们喜欢用 CPI 衡量通胀,但宏观经济的研究者更重视 PPI。

首先,PPI 数据将严重影响后续宏观政策的抉择。比如,通胀数据将严重影响货币政策的抉择。中央银行宏观调控,核心就是关注经济景气度和通胀,但通胀很重要。同时,工业企业赚钱程度与 PPI 水平关联度极高。

其次,相对于 CPI,PPI 对股市的影响更直接,因为它直接关系到上市公司的成本和利润水平。PPI 代表了中国企业尤其是制造业企业的平均成本,揭示了大多数企业未来的盈利能力,影响了投资者对上市企业的利润预期,从而影响了股市的涨跌。

课堂总结

1. 了解 PPI 指标的经济含义。
2. 了解 PPI 指标的功能和作用。
3. 了解 PPI 指标变动对股市的影响。

第12课 投资及其变动的影响

一、投资的经济含义

按照宏观经济学的解释,投资是指增加或者更换资本资产的支出,即资本性支出,包括住房、厂房、机械设备及存货等支出,也就是实体经济的投资,其实就是资源要素转化为资本的形成过程。或者说,投资是用于对未来生产更多物品和劳务的物品的购买,是资本设备、建筑物和存货购买的总和。

二、投资的分类

投资是创造新资本,包括为未来使用而购买的物品,主要包括固定资产投资和存货投资两大类(见图4-3)。这里主要讨论企业的固定资产投资。

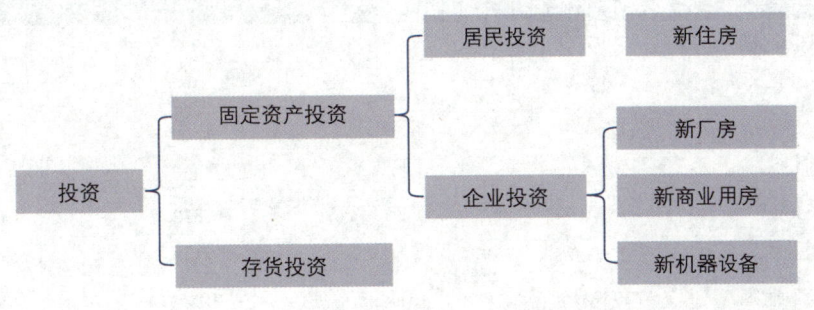

图4-3 投资分类

这里有几点说明。

(1)住宅建筑(住房)是长期使用的,属于投资,不属于消费。

(2)政府对物品和劳务的购买,是政府支出的一部分,即使是购买的包括建筑物在内的固定资产性质的物品,也属于政府支出,而不作为投资。同时,用支出法核算 GDP,指整个社会在一定时期内购买最终产品的支出总和,即居民消费支出 C、企业投资支出 I、政府购买支出 G、净出口(X-M)的总和。即

$$GDP = C+I+G+(X-M) \qquad (4-5)$$

三、固定资产投资的重要性

企业的固定资产投资,包括厂房和机械设备等,体现了技术革命,投资对技术进步的影响很大。一方面,投资推动技术进步,任何技术成果的应用都必须通过某种投资活动实现,它是技术与经济之间联系的纽带;另一方面,技术本身是一种投资,任何一项技术成果都是投入一定人力资本和资源(如试验设备等)的产物。技术成果及其转化和技术进步的形成都离不开投资,投资尤其是固定资产的投资对未来经济增长的意义重大。

四、固定资产投资及其变动

(一)固定资产投资状况(国家统计局统计资料)

1981—2020 年中国固定资产投资金额及其增长率见表 4-2。

表 4-2　1981—2020 年中国固定资产投资金额及其增长率

时间	固定资产投资（亿元）	房地产（亿元）	固定资产净投资（亿元）	增长率（%）
"六五"时期	7997.6	0	7997.6	—
1981 年	961	0	961	—
1982 年	1230.4	0	1230.4	28
1983 年	1430.1	0	1430.1	16.2
1984 年	1832.9	0	1832.9	28.2
1985 年	2543.2	0	2543.2	38.8
"七五"时期	20593.5	1034.1	19559.4	157.5
1986 年	3120.6	101	3019.6	22.7
1987 年	3791.7	149.9	3641.8	21.5
1988 年	4753.8	257.2	4496.6	25.4
1989 年	4410.4	272.7	4137.7	-7.2
1990 年	4517	253.3	4263.7	2.4

续表

时间	固定资产投资（亿元）	房地产（亿元）	固定资产净投资（亿元）	增长率（%）
"八五"时期	63808.3	8708	55100.3	209.8
1991年	5594.5	336.2	5258.3	23.9
1992年	8080.1	731.2	7348.9	44.4
1993年	13072.3	1937.5	11134.8	61.8
1994年	17042.1	2554.1	14488	30.4
1995年	20019.3	3149	16870.3	17.5
"九五"时期	139093.7	19096.3	119997.4	118
1996年	22974	3216.4	19757.6	14.8
1997年	24941.1	3178.4	21762.7	8.6
1998年	28406.2	3614.2	24792	13.9
1999年	29854.7	4103.2	25751.5	5.1
2000年	32917.7	4984.1	27933.6	10.3
"十五"时期	295531	53356.3	242174.7	112.5
2001年	37213.5	6344.1	30869.4	13.1
2002年	43499.9	7790.9	35709	16.9
2003年	55566.6	10153.8	45412.8	27.7
2004年	70477.4	13158.3	57319.1	26.8
2005年	88773.6	15909.2	72864.4	26
"十一五"时期	922871.2	160416.1	762455.1	212.3
2006年	109998.2	19422.9	90575.3	23.9
2007年	137323.9	25288.8	112035.1	24.8
2008年	172828.4	31203.2	141625.2	25.9
2009年	224598.8	36241.8	188357	30
2010年	278121.9	48259.4	229862.5	23.8
"十二五"时期	2206494.4	410628.5	1795865.9	139.1
2011年	311485.1	61796.9	249688.2	12
2012年	374694.7	71803.8	302890.9	20.3
2013年	446294.1	86013.4	360280.7	19.1
2014年	512020.7	95035.6	416985.1	14.7
2015年	561999.8	95978.8	466021	9.8
"十三五"时期	2981523.7	606181.3	2375342.4	35.1
2016年	606465.7	102580.6	503885.1	7.9
2017年	641238.4	109798.5	531439.9	5.7

续表

时间	固定资产投资（亿元）	房地产（亿元）	固定资产净投资（亿元）	增长率（%）
2018年	645675	120164.7	525510.3	0.7
2019年	560874.3	132194.3	428680	−13.1
2020年	527270.3	141443.2	385827.1	−6

（二）固定资产投资增长特征

1981—2020年，中国经济的发展非常重视固定资产投资，固定资产投资额从1981年的961亿元增加到2020年的52.7万亿元，累计投资达到663.7万亿元，平均每年以17.1%的速度增长，为中国经济持续增长奠定了坚实的技术基础。

五、固定资产投资对资本市场的影响

如前所述，固定资产投资体现的是技术革命，这种投资的增长肯定会对股市产生一定的影响，但这种影响比较复杂，要视具体情况而定。

（1）当固定资产投资增长速度加快时，表明企业对经济前景看好，因此，会积极改善企业效益，将有利于股市的发展。当固定资产投资增速放缓时，可能意味着经济下滑，将不利于股市的发展，股票投资者也会抛售股票而持币观望。

（2）当固定资产投资适度增长时，对股票价格上涨有支撑作用，将有利于股市的发展；当固定资产投资增长过快、出现过热时，可能不利于股市的发展。反之，固定资产投资增长速度放慢，意味着后期的经济景气指数可能会下降，不利于股市的发展。

（3）固定资产投资结构的影响。如果是用于生产的固定资产投资，就会提高生产效率，有利于股市的发展。

课堂总结

1. 了解投资的经济含义及其分类。
2. 了解投资尤其是固定资产投资的重要性。

3. 了解固定资产投资对资本市场的影响。

注意：在股票投资中，应当积极关注有关投资等经济指标的变化，这对股票投资尤为重要。

第13课　消费及其变动的影响

一、消费及其重要性

(一) 消费的经济学解释

消费是社会再生产过程中的一个重要环节，也是最终环节，是指利用社会产品来满足人们各种需要的过程。通常，消费可以分为生产性消费和生活性消费。生产消费，是指物质资料生产过程中的生产资料使用和消耗。生活消费，是指人们把生产出来的物质资料和精神产品用于满足个人生活需要的行为和过程，是生产过程以外执行生活职能。这里讲的消费，是指居民个人消费，也就是个人生活消费，它是恢复人们劳动力和劳动力再生产必不可少的条件。

(二) 消费的构成

宏观经济学讲的消费，为居民个人消费支出，包括购买耐用消费品（小汽车、电视机等）、非耐用消费品（食物、衣服等）和劳务（医疗、旅游等）的支出，但建造住宅的支出不包括在内。其中，食品支出总额占个人消费支出总额的比重，称为"恩格尔系数"，是衡量一个家庭或一个国家富裕程度的指标。恩格尔系数越大表明生活越贫困，恩格尔系数越小表明生活越富裕。

$$恩格尔系数 = 食物支出金额 \div 总支出金额 \times 100\% \tag{4-6}$$

(三) 消费的重要性

消费对经济增长至关重要，在一定意义上讲，没有消费就没有经济发展。

（1）消费是社会再生产的重要环节，也是最后一个环节。

马克思再生产理论认为，一个完整的生产过程包括生产、分配、流通、消费。只有产品或者商品进入最后消费环节，整个生产过程才算完成，再生产才能顺利进行。在这里，作为起始阶段的投资是启动环节，最终要接受社会即消费的检验。

凯恩斯一反古典经济学把生产置于第一位的范式，而将消费放在了第一位。他发问道，如果不消费，生产还有什么意义呢？由此出发，他对20世纪30年代经济危机的判断是有效需求不足，即有货币购买能力的需求不足。

（2）消费拉动经济增长。无论是对于宏观经济增长，还是对于家庭个人或者企业来说，消费都是至关重要的。因此，国家政策层面上常鼓励消费拉动经济增长。这足以说明消费的重要性。

二、消费趋势及其变动

（一）消费趋势的经济含义

消费趋势，是指顾客消费心理和消费行为模式的变化趋势。

消费心理，是指消费者进行消费活动时所表现出的心理特征与心理活动的过程。具体来说，消费心理是消费者在寻找、选择、购买、使用、评估和处置与自身相关的产品和服务时所产生的心理活动。消费心理大致有四种：从众、求异、攀比和求实。消费心理在各类人群及各年龄段的表现不同。

消费模式又叫"消费行为模式"，是指同消费资料相结合的方法和形式，是消费的表现形式。从不同的角度看，有不同的消费模式。根据不同的顾客在购买动机及行为方面的差异，顾客的购买行为可分为以下六种类型：价格型、理智型、冲动型、想象型、习惯型、随意型。消费模式具有时代特色，即不同消费力、不同消费习性的消费者，在不同时期有着不同的消费模式。

（二）消费趋势的变化

1. 消费趋势变化的影响因素

（1）个人因素，包括稳定性因素，具体指个人某些特征，如年龄、性别、种族、民族、职业、家庭、收入等；随机性因素，通常指消费者进行购买决策时所处的特定场合和具备的一系列条件等。

（2）心理因素，包括感觉、动机、经验、态度和个性等。

（3）社会因素，包括社会阶层、文化、朋友圈、经济发展状况等。

同时，消费趋势还会受到产品质量安全、购买习惯、收入水平、交通物流、产品销售情况以及售后服务等因素的影响。

2. 消费趋势的变动

社会经济和科学技术的发展，也给消费者的消费观念和消费方式等带来多方面的影响，并使消费需求的内容、结构和形式等发生多方面的变化。这些变化可以归结为消费升级，或者消费降级等消费趋势的变化。消费降级的情况相对较少，绝大多数情况表现为消费升级。这种消费趋势的变化，不仅会对社会经济的发展产生多方面的影响，而且会对企业的发展乃至资本市场产生影响。

三、消费趋势及其变动的影响

（一）社会消费品零售总额的变化及其影响

1. 经济含义

社会消费品零售总额，是指企业通过交易售给个人、社会集团非生产、非经营用的实物商品金额，以及提供餐饮服务所取得的收入金额。社会消费品零售总额按经营地可分为城镇社会消费品零售总额和乡村社会消费品零售总额，按消费类型可分为餐饮收入和商品零售。

2. 统计范围

社会消费品零售总额涉及的商品包括售给个人用于生活消费的商品，也包括售给社会集团用于非生产、非经营的商品。其中，个人包括城乡居民和入境人员，社会集团包括机关、社会团体、部队、学校、企事业单位、居委会或村委会等。社会消费品零售总额包括实物商品网上零售额，不包括非实物商品网上零售额。居民日常消费中用于教育、文化、娱乐等方面的服务性消费也不包含在社会消费品零售总额中。

3. 指标作用及其影响

（1）反映国内消费品市场的总规模和地域分布情况，为分析和判断国内消费品市场总体状况、地域特点、商品类别供给以及未来市场走势提供依据，为国家调控市场提供参考。

（2）反映城乡居民和社会集团对实物商品消费需求的总量与变化趋势，可以用来判断消费需求对经济运行的影响程度。

（3）零售是商品销售的最终环节，零售市场的变化最直接、最灵敏地反映经济运行情况。因此，该指标在一定程度上可以反映经济景气状况，因而也是影响资本市场的重要经济指标。

（二）消费升级及其影响

1. 经济含义

消费升级，是指各类消费支出的结构升级和层次提高，包括消费内容升级、消费方式升级与消费者主权维护三个层面的内容。消费升级直接反映了消费水平和发展趋势，是人类发展的最直观体现。消费提质升级是满足人民美好生活需要的直接体现。

2. 消费升级的原因

（1）经济的发展，人们收入的提高是消费升级的经济基础。

（2）社会的发展和进步是消费升级的环境导向。

（3）科学技术进步是消费升级的物质基础。

（4）人们永不满足的对更好更高生活水平的追求和向往，是消费升级的内因和永不衰竭的动力。

（5）政策、法律、法规的引导、规范和约束是消费升级的保障。2018年9月20日，中共中央、国务院印发《关于完善促进消费体制机制，进一步激发居民消费潜力的若干意见》，为促进消费体制升级绘制蓝图。

该意见提出，加快建立健全高层次、广覆盖、强约束的质量标准和消费后评价体系，强化消费领域企业和个人信用体系建设，提高消费者主体意识和维权能力，创建安全放心的消费环境。

该意见强调，完善有利于提高居民消费能力的收入分配制度；构建公平开放的市场环境；加大生活性服务领域有效有序开放力度，逐步放宽放开对外资的限制。

3. 中国消费升级状况

改革开放以来，我国出现了三次明显的消费升级，推动了经济的高速增长，消费结构的演变带动了我国产业结构升级。

第一次消费结构升级发生在改革开放之初。此时，粮食消费下降、轻工产品消费上升。这一转变对我国轻工、纺织产品的生产产生了强烈的拉动，带动了相关产业的迅速发展，并带动了第一轮经济增长。

第二次消费结构升级发生在20世纪80年代末至90年代末。在这一阶段的前期，以自行车、手表、收音机为代表的"老三件"和以冰箱、彩电、洗衣机为代表的"新三件"，分别是温饱和小康时期的标志性消费品，作为一种时尚受到消费者的喜爱，并带动了相关产业的迅猛发展。随着经济的进一步发展，后期阶段的消费特点是：家用电器消费快速增加，耐用消费品向高档化方向发展，大屏幕高清晰度彩电、大容量冰箱、空调器、微波炉、影碟机、摄像机成为城镇居民的消费热点，普及率进一步提高。这一转变对电子、钢铁、机械制造业等行业产生了强大的驱动力，带动了第二轮经济增长。

当前正在进行的第三次消费结构升级转型正驱动着相关产业增长。在这一过程中，增长最快的是教育、娱乐、文化、交通、通信、医疗保健、住宅、旅游等方面的消费，与IT产业、汽车产业以及房地产业相联系的消费增长尤为迅速。

有研究表明，"十二五""十三五"期间中国居民消费保持持续升级态势，2019年有所放缓（见图4-4）。总体上讲，宏观层面居民消费升级形势向好，线上线下蓬勃发展，消费业态不断进步。2019年以后，疫情对消费有所影响。

图4-4　2013—2019年全国居民消费升级综合指数走势

4. 消费升级的影响

消费升级将影响经济增长，进而影响股市。

（1）热点消费带动相关产业的发展。比如，汽车和新能源汽车消费、住房消费、互联网消费等,将带动相关产业的发展。

(2) 消费结构升级带动产业结构的优化升级,有利于经济增长。

(3) 服务消费升级带动第三产业振兴。

(4) 消费结构升级引导投资,有利于经济增长。

经济增长为股市的发展提供良好的经济基础。

课堂总结

1. 了解消费的经济含义。
2. 了解消费变动对经济增长的影响。
3. 了解消费变动对股市的影响。

第14课　净出口及其变动的影响

一、净出口及其重要性

（一）净出口的经济含义

净出口，是指一国出口商品价值与进口商品价值的差额。通常，贸易顺差以正数表示；贸易逆差以负数表示。假定出口为 X，进口为 M，则净出口 NX 为

$$NX = X - M \tag{4-7}$$

当出口总值大于进口总值时，出现贸易盈余，称"贸易顺差"或"出超"；当出口总值小于进口总值时，出现贸易赤字，称"贸易逆差"或"入超"。当出口总值等于进口总值时，称"贸易收支平衡"或"贸易平衡"。

（二）净出口的构成

实务中，净出口可分为有形商品和无形服务两部分，或者称有形商品贸易和无形服务贸易。如美国有商品贸易余额和服务贸易余额之分，英国则使用有形贸易余额和无形贸易余额的称呼。

（三）净出口的重要性

净出口是一国国际收支中经常项目的重要组成部分，是影响一国国际收支的重要因素。它从总体上反映一国的外贸余额地位，是反映外贸对国民经济作用的主要指标。如前所述，推动一国经济增长的"三驾马车"是消费、投资和净出口。其中，净出口对于推动国民经济的发展具有重要作用。尤其是出口导向国家，净出口更具有重要作用。

二、中国净出口的发展分析

（一）中国净出口状况

1982—2019 年中国进出口指标见表 4-3。

表 4-3 1982—2019 年中国进出口指标

年份	商品贸易（亿元）			服务贸易（亿元）			合计（亿元）			净出口占比（%）	
	出口	进口	净出口	出口	进口	净出口	出口	进口	净出口	商品贸易	服务贸易
1982	413.8	357.5	56.3	25	19	6	438.8	376.5	62.3	90.37	9.63
1983	438.3	421.8	16.5	25	18	7	463.3	439.8	23.5	70.21	29.79
1984	580.5	620.5	−40	28	26	2	608.5	646.5	−38	105.26	−5.26
1985	808.9	1257.8	−448.9	29	23	6	837.9	1280.8	−442.9	101.35	−1.35
1986	1082.1	1498.3	−416.2	36	20	16	1118.1	1518.3	−400.2	104.00	−4
1987	1470	1614.2	−144.2	42	23	19	1512	1637.2	−125.2	115.18	−15.18
1988	1766.7	2055.1	−288.4	47	33	14	1813.7	2088.1	−274.4	105.1	−5.1
1989	1956.1	2199.9	−243.8	45	36	9	2001.1	2235.9	−234.8	103.83	−3.83
1990	2985.8	2574.3	411.5	57	41	16	3042.8	2615.3	427.5	96.26	3.74
1991	3827.1	3398.7	428.4	69	39	30	3896.1	3437.7	458.4	93.46	6.54
1992	4676.3	4443.3	233	91	92	−1	4767.3	4535.3	232	100.43	−0.43
1993	5284.8	5986.2	−701.4	110	116	−6	5394.8	6102.2	−707.4	99.15	0.85
1994	10421.8	9960.1	461.7	164	158	6	10585.8	10118.1	467.7	98.72	1.28
1995	12451.8	11048.1	1403.7	184	246	−62	12635.8	11294.1	1341.7	104.62	−4.62
1996	12576.4	11557.4	1019	206	224	−18	12782.4	11781.4	1001	101.8	−1.8
1997	15160.7	11806.5	3354.2	245	277	−32	15405.7	12083.5	3322.2	100.96	−0.96
1998	15223.6	11626.1	3597.5	239	265	−26	15462.6	11891.1	3571.5	100.73	−0.73
1999	16159.8	13736.5	2423.3	262	310	−48	16421.8	14046.5	2375.3	102.02	−2.02
2000	20634.4	18638.8	1995.6	301	359	−58	20935.4	18997.8	1937.6	102.99	−2.99
2001	22024.4	20159.2	1865.2	329	390	−61	22353.4	20549.2	1804.2	103.38	−3.38
2002	26947.9	24430.3	2517.6	394	461	−67	27341.9	24891.3	2450.6	102.73	−2.73
2003	36287.9	34195.6	2092.3	464	549	−85	36751.9	34744.6	2007.3	104.23	−4.23
2004	49103.3	46435.8	2667.5	621	716	−95	49724.3	47151.8	2572.5	103.69	−3.69
2005	62648.1	54273.7	8374.4	739	832	−93	63387.1	55105.7	8281.4	101.12	−1.12
2006	77597.2	63376.9	14220.3	914	1003	−89	78511.2	64379.9	14131.3	100.63	−0.63
2007	93563.6	73300.1	20263.5	1216	1293	−77	94779.6	74593.1	20186.5	100.38	−0.38
2008	100394.9	79526.5	20868.4	1465	1580	−115	101859.9	81106.5	20753.4	100.55	−0.55
2009	82029.7	68618.4	13411.3	1286	1581	−295	83315.7	70199.4	13116.3	102.25	−2.25

续表

年份	商品贸易（亿元）			服务贸易（亿元）			合计（亿元）			净出口占比（%）	
	出口	进口	净出口	出口	进口	净出口	出口	进口	净出口	商品贸易	服务贸易
2010	107022.8	94699.3	12323.5	1702	1922	-220	108724.8	96621.3	12103.5	101.82	-1.82
2011	123240.6	113161.4	10079.2	1821	2370	-549	125061.6	115531.4	9530.2	105.76	-5.76
2012	129359.3	114801	14558.3	1905	2801	-896	131264.3	117602	13662.3	106.56	-6.56
2013	137131.4	121037.5	16093.9	2106	3291	-1185	139237.4	124328.5	14908.9	107.95	-7.95
2014	143911.6	120422.8	23488.8	1853	3833	-1980	145764.6	124255.8	21508.8	109.21	-9.21
2015	133668	97735	35933	2299	4364	-2065	135967	102099	33868	106.10	-6.1
2016	132329	99512	32817	2080	4535	-2455	134409	104047	30362	108.09	-8.09
2017	149590	117411	32179	2122	4677	-2555	151712	122088	29624	108.62	-8.62
2018	160299	133325	26974	2327	5242	-2915	162626	138567	24059	112.12	-12.12
2019	169411	134806	34605	2420	5014	-2594	171831	139820	32011	108.10	-8.1

（二）中国净出口发展分析

（1）自改革开放以来，中国进出口高速增长，商品贸易的出口额从1982年的413.8亿元，发展到2019年的169411亿元，增加了409.4倍；而商品贸易的净出口额从1982年的56.3亿元，发展到2019年的34605亿元，增加了614.7倍。

（2）服务贸易中，出口额从1982年的25亿元，发展到2019年的2420亿元，增加了96.8倍；但由于服务贸易的进口多，净出口额从1982年的6亿元，发展到2019年的-2594亿元，出现较大逆差，几乎是年年出现逆差且有逐年放大的态势。国际服务贸易包括国际运输、国际旅游、跨国银行、国际融资公司及其他金融服务等无形贸易。广义上讲，国际服务贸易还包括现代发展起来的、除与货物贸易有关的服务以外的新的贸易活动，如承包劳务、卫星传送和传播等。中国的国际服务贸易有较大的发展空间。

（3）净出口额占GDP的比例，1982年为1.17%，2019年为3.24%；而出口额占GDP的比例，1982年为8.24%，2019年达到17.42%，说明净出口对中国经济增长有着重要作用。

三、进出口的影响

（一）进出口的影响

在国际经济一体化背景下，开展国际贸易，无论是对国家的经济增长，还是企业的国际竞争力提高等，都具有重大意义。

（1）开展国际贸易，必然带来市场的扩大，国内外市场的不断开拓，无疑会有力地带动经济增长。

（2）开展国际贸易，必然会使市场竞争机制充分发挥作用，从而刺激企业素质的提高，增强企业的国际竞争力。一国对外开放，参与国际贸易，实际上就是把本国的企业纳入国际竞争环境，将有助于提高企业的国际竞争力。

（3）开展国际贸易，必然会激发企业的创新机制，推动技术进步，从而促进经济增长。

（4）开展国际贸易能加速资金积累，促进经济增长。进口有利于引进国外的先进技术，出口有利于增加外汇收入，促进经济增长。

（二）国际贸易有关上市公司

我国涉及国际贸易的上市公司较多，比如，自由贸易港近30家，包括上海临港、厦门港务等；福建自贸试验区15家，包括厦门国贸等；黑龙江自贸试验区近40家，包括北大荒、大庆华科等，石油加工贸易，天津自贸试验区，上海自贸试验区，广东自贸试验区，海南自贸试验区，中韩自贸区，中俄贸易概念等近70家。

（三）国际贸易上市公司的市场表现

涉及国际贸易的上市公司较多，其市场表现的差别较大，有市场表现好的，也有市场表现差的，主要取决于各公司的业务经营情况及其未来发展的预期。

1. 密尔克卫

密尔克卫注册地为上海，公司主营业务为提供化工供应链服务。公司主要产品及服务为货运代理、仓储、运输、化工品交易等。2021年，公司营业收入达86亿元，每股收益达2.66元，每股净资产为19.17元。

密尔克卫的市场表现：2018年7月上市，定价每股16元，2020年2月向上突破，到8月达到每股160.90元的高位，后一路大幅震荡，2023年2月后一路下跌，2023年11月跌到每股63元左右（见图4-5）。

2. 中远海科

中远海科主要从事智慧交通、智慧航运、智慧物流、智慧安防等领域的业务。公司提供的主要为规划咨询、系统集成、应用软件开发、产品研制、数据存储管理、系统运维服务等全方位的综合服务。

2021年，公司营业收入达17亿元，每股收益达0.43元，每股净资产为3.43元。其市场表现：公司2010年上市，定价在每股35元左右，短期上涨至每股59元左右，之后便一路下行，2015年的一波上涨行情，达到每股34元左右，2022年5月最低跌到每股6.7元，后一路走高，2023年6月来到了每股28元左右（见图4-6）。

图4-5　2018年7月至2023年11月密尔克卫股价日K走势

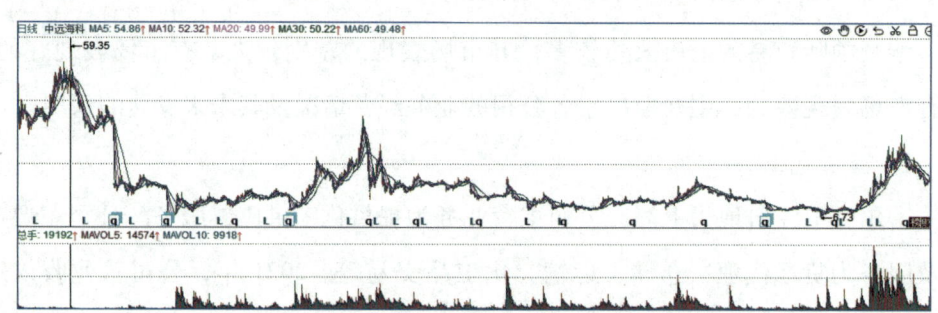

图4-6　2010年5月至2023年12月中远海科股价日K走势

课堂总结

1. 了解净出口的含义和内容。
2. 了解净出口的作用和影响。
3. 了解净出口相关上市公司的市场表现。

第五章

财政政策变动的宏观经济分析

第15课 财政政策及其宏观调控

一、财政政策及其作用

（一）财政政策的含义

财政政策是国家根据一定时期政治、经济、社会发展的任务而制定的财政工作的指导原则，是国家制定的指导财政分配活动和处理各种财政分配关系的基本准则；在现代市场经济条件下，财政政策又是财政分配关系在国家意志上的体现，是国家干预经济，实现宏观经济目标的工具。财政政策通过财政支出与税收政策调节社会总需求。

财政政策一般定义为：财政政策是指为促进就业水平提高，减轻经济波动，防止通货膨胀，实现稳定增长而对政府财政支出、税收和借债水平所进行的政策选择，或者对政府财政收入和支出水平所做的决策。或者说，财政政策是指政府变动税收和支出以便影响总需求进而影响就业和国民收入的政策。变动税收是指改变税率和税率结构；变动支出是指改变政府对商品与劳务的购买支出以及转移支付。

（二）财政政策的宏观调控及其目标

1. 财政政策的宏观调控作用

如前所述，财政政策是国家干预经济、实现宏观经济目标的工具。特别是，20世纪30年代的经济危机催生了凯恩斯主义，财政政策成为调节经济、挽救经济危机的重要手段；通常情况下，在经济萧条时期，实行扩张性财政政策，以刺激社会总需求,加快经济复苏;在经济高涨时期,实行紧缩性财政政策,以减少社会总需求,延缓经济危机的来临。因此,在现代市场经济条件下,财政政策对宏观经济具有重要的调控作用。

2. 财政政策的宏观调控目标

根据财政政策的定义,财政政策的宏观调控目标,就是宏观经济目标:

(1) 促进就业水平提高,也就是充分就业;

(2) 减轻经济波动,实现稳定增长;

(3) 防止通货膨胀,即稳定物价。

(三) 财政政策的调控作用

(1) 财政政策日益成为宏观经济调控的重要措施。财政政策是随着社会生产方式的变革而不断发展的。在现代市场经济发展中,由于市场的失灵,政府的经济职能逐渐增强,财政政策不仅为实现国家政治职能服务,而且成为政府干预和调节社会经济生活的重要工具。

(2) 财政政策成为解决经济危机的重要措施。特别是,20 世纪 30 年代的经济危机催生了凯恩斯主义,财政政策成为调节经济、挽救经济危机的重要手段。通常在经济萧条时,实行扩张性的财政政策,刺激社会总需求,加快经济复苏;在经济繁荣时,实行紧缩性的财政政策,减少社会总需求,延缓经济危机的来临。2008 年,面对国际金融危机的影响,我国政府推出 4 万亿元的投资,使得我国经济成功走出危机的影响。

(3) 财政政策对资本市场的多方面影响,既有直接的,也有间接的。直接的影响可以通过调整证券交易印花税来调控证券市场;间接的影响通常是通过财政政策手段影响经济发展,再通过经济发展影响股市。财政政策成为调控股市的重要手段。

二、财政政策的调控工具

(一) 财政政策工具

财政政策工具,或称"政策手段",这些工具的运用被称为"财政政策措施"。财政政策主要在于调整财政收入和财政支出。因此,财政政策的手段也包括两大类：财政收入调整工具和财政支出调整工具。在这些工具中，最常用的工具包括：调整税率、改变政府购买水平、变动政府的转移支付，被称为财政政策的"三大基本手段"（见图5-1）。

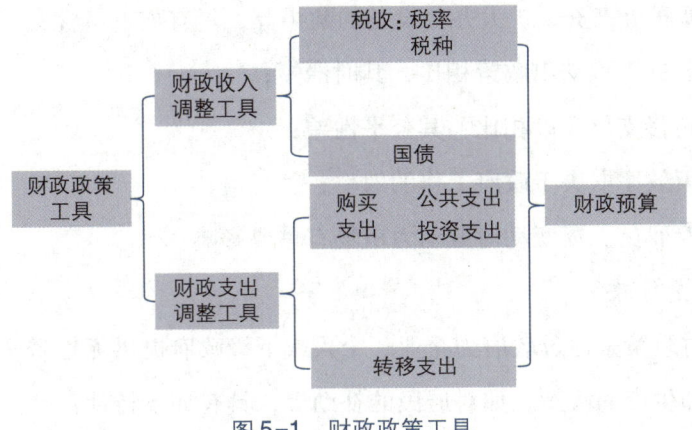

图5-1 财政政策工具

（二）财政政策工具的特性

1. 税收政策

税收政策是通过增税和减税两个方面发挥对经济周期的调节作用的，具有如下特性：

（1）需要经过一定的法律程序，决策时滞较长；

（2）对于政府来说，减税容易增税难，增税易遭到纳税人的反对；

（3）税收直接影响人们的可支配收入，而且是无偿的、永久性的影响；

（4）政府的减税政策是通过增加居民的可支配收入实现的，而这又依赖于居民的边际消费倾向，对于政府来说是不确定性因素。

2. 公共工程支出政策

公共工程支出政策是政府人为地扩大公共工程支出，可以扩大总需求，有助于经济复苏，具有如下特性：

（1）积累性强；

（2）时滞长；

（3）效率低下的可能性大；

（4）公共工程支出政策是中央政府动用地方性政策工具来调节经济，有可能打破原有的均衡，形成地区间新的不平衡。

3. 政府消耗性支付政策

政府消耗性支付政策是指政府直接购买劳务和消费品并用于当期，如增加政府雇员、提高雇员工资、扩大办公设备的购买等，具有如下特性：

（1）与公共工程支出政策相比，其时滞短；

（2）与转移支付政策相比，其公平性差；

（3）政策效率取决于政府工作的效率；

（4）政府雇员工资变动对劳动力市场有重要影响。

4. 转移支付政策

转移支付政策是通过政府为企业、个人或下级政府提供无偿资金援助，以调节社会分配和生产的政策，如对居民的补助等，具有如下特性：

（1）对国民收入分配的影响功能较强。转移支付本身具有直接影响国民收入分配的功能。

（2）转移支付政策对需求的扩张作用更大。增加对低收入者的财政补贴支出，对社会总需求的刺激作用更大。

（3）积累性差。转移支付资金转化为积累资金的可能性小。

（4）对需求的影响与受益者的层次关系重大。通常年轻人的边际消费倾向最大，中年人其次，老年人最低。

（三）财政政策工具的选择

财政政策工具的选择，是由财政政策的具体目标和政策工具的特性等因素决定的。不同时期财政政策的具体目标不同，采取的手段也不同，尤其是面临不同的经济环境和存在的主要经济问题等，这些都将影响到政策工具的选择。政策工具的特性也是影响工具选择的重要因素之一。

三、财政政策实施的协调与配合

为了实现政策的调控目标，达到最优的政策效应，在财政政策的实施过程中，政策的协调与配合尤为重要。

（1）财政政策内部各种政策工具的配合使用。因为每种政策工具都有自身特性的缺陷，需要其他工具的优势来弥补。因此，财政政策的实施，往往不是单一工具的使用，而是多种工具的配合使用。

（2）财政政策与其他政策的协调配合。财政政策是国家整个经济政策的组成部分，同其他经济政策有着密切的联系。财政政策的制定和执行，要有金融政策、产业政策、收入分配政策、货币政策等其他经济政策的协调配合。这种协调配合既包括各种政策工具的配合使用，也包括国内外政策的协调。只有政策的协调与配合得当，才能获得最理想的政策效应。当然，这种协调配合也有某种规律可以遵循，但更多的时候是要根据具体情况随机应变。

课堂总结

1. 了解财政政策的含义和内容。
2. 了解财政政策工具。
3. 了解财政政策工具的选择。

注意：财政政策对资本市场的影响是多方面的，在证券投资中，必须高度关注财政政策的变动及其对经济和资本市场的影响。

第 16 课　财政政策的类型及其影响

一、财政政策的类型

财政政策有多种类型，可按照不同标准进行分类。

（一）按经济周期调节作用分类

按照财政政策调节经济周期的作用，将其分为自动稳定财政政策和相机抉择的财政政策。

1. 自动稳定财政政策

自动稳定财政政策，是指财政制度本身存在一种内在的、不需要政府采取其他干预行为就可以随着经济社会的发展，自动调节经济的运行机制。这种机制也被称为"财政自动稳定器"。理论上说，主要表现在两个方面。

一是累进所得税自动稳定作用。在经济萧条时，个人和企业利润降低，符合纳税条件的个人和企业数量减少，因而税基相对缩小，适用的累进税率相对下降，税收自动减少。因税收的减少幅度大于个人收入和企业利润的下降幅度，税收便会产生一种推力，防止个人消费和企业投资的过度下降，从而起到反经济衰退的作用。在经济过热时期，其作用机理正好相反。

二是政府福利支出的自动稳定作用。当经济出现衰退时，符合领取失业救济和各种福利标准的人数增加，失业救济和各种福利的发放趋于自动增加，从而有利于抑制消费支出的持续下降，防止经济的进一步衰退。在经济繁荣时期，其作用机理正好相反。

2. 相机抉择财政政策

相机抉择的财政政策,是指政府根据一定时期的经济社会状况,主动灵活地选择不同类型的反经济周期的财政政策工具,干预经济运行,实现财政政策目标。相机抉择的财政政策具体包括汲水政策和补偿政策。

(1) 汲水政策,是指经济萧条时期进行公共投资,以增加社会有效需求,使经济恢复活力的政策,具有以下特点:

第一,以市场经济具有的自发机制为前提,是一种诱导经济恢复的政策;

第二,以扩大公共投资规模为手段,启动和活跃社会投资;

第三,财政投资规模具有有限性,即只要社会投资恢复活力,经济实现自主增长,政府就不再投资或缩小投资规模。

(2) 补偿政策,是指政府有意识地从当时经济状况反方向调节经济景气变动的财政政策,以实现稳定经济波动的目的。在经济萧条时期,为缓解通货紧缩影响,政府通过增加支出、减少收入政策增加投资和消费需求,增加社会有效需求,刺激经济增长;反之,经济繁荣时期,为抑制通货膨胀,政府通过财政增加收入、减少支出等政策抑制和减少社会过剩需求,稳定经济波动。

(二) 按国民经济总量和结构功能调节分类

根据财政政策调节国民经济总量和结构中的不同功能,将财政政策划分为扩张性财政政策、紧缩性财政政策和中性财政政策。

1. 扩张性财政政策

扩张性财政政策又称"积极的财政政策",是指通过财政分配活动来增加和刺激社会的总需求,主要措施有增加国债、降低税率、提高政府购买和转移支付。

2. 紧缩性财政政策

紧缩性财政政策又称"适度从紧的财政政策",是指通过财政分配活动来减少和抑制总需求,主要措施有减少国债、提高税率、减少政府购买和转移支付。

3. 中性财政政策

中性财政政策又称"稳健的财政政策",是指财政的分配活动对社会总需求的影响保持中性。

二、财政政策与货币政策的搭配及其影响

在实践中,财政政策与货币政策往往要配合使用。所谓财政政策和货币政策的配合,是指政府将财政政策和货币政策按某种形式搭配组合起来,以调节总需求,最终实现宏观经济的内外平衡。财政政策与货币政策的配合使用,一般有四种模式。

(一)"双松"政策(扩张性的财政政策和扩张性的货币政策)

1. "双松"政策的作用

"松"的财政政策和"松"的货币政策能更有力地刺激经济。一方面,通过减少税收或扩大支出规模等"松"的财政政策增加社会总需求,增加国民收入,但会引起利率水平提高。另一方面,通过降低法定准备金率、降低再贴现率、买进政府债券等"松"的货币政策增加商业银行的储备金,扩大信贷规模,增加货币供给,抑制利率上升,以消除或减少"松"的财政政策的挤出效应,使总需求增加,其结果是可在利率不变的条件下,刺激经济,并通过投资乘数的作用使国民收入和就业机会增加。这样可以消除经济衰退和失业,比单独运用财政政策或货币政策更有缓和衰退、刺激经济的作用。

2. "双松"政策适用的经济环境

"双松"政策搭配适用的经济初始状态为:①存在比较高的失业率;②大部分企业开工不足,设备闲置;③大量资源有待开发;④市场疲软,没有通胀现象;⑤国际收支盈余过多。

(二)"双紧"政策(紧缩性的财政政策和紧缩性的货币政策)

1. "双紧"政策的作用

当经济过度繁荣,通货膨胀严重时,可以把"紧"的财政政策和"紧"的货币政策配合使用。这就是说通过增加税收和减小政府支出规模等"紧"的财政政策压缩总需求,从需求方面抑制通货膨胀。而利用提高法定存款准备金率等"紧"的货币政策减少商业银行的准备金,会使利率提高,投资下降,货币供给量减少,有利于抑制通货膨胀;同时,由于"紧"的财政政策在抑制总需求时会使利率下降,而通过"紧"的货币政策使利率上升,从而不使利率的下降起

到刺激总需求的作用。其结果是,可在利率不变的情况下,抑制经济过度繁荣,使总需求和总产出下降。

2. "双紧"政策适用的经济环境

"双紧"政策搭配适用的经济初始状态为:①经济处于高通货膨胀;②不存在高失业率;③国际收支出现巨额赤字。但这一模式运用不当往往会造成经济停滞的后果。

(三) 扩张性的财政政策和紧缩性的货币政策

1. 政策作用

这种政策组合的结果是利率上升,总产出的变化不确定。具体来说,这种模式在刺激总需求的同时又能抑制通货膨胀,"松"的财政政策通过减税、增加支出,有助于克服总需求不足和经济萧条;而"紧"的货币政策会减少货币供给量,进而抑制由"松"的财政政策引起的通货膨胀压力。

2. 政策适用的经济环境

这种政策适用的经济环境为:

①经济停滞不前,甚至衰退;②社会总需求不足;③物价稳定,没有通货膨胀迹象;④失业率高;⑤国际收支赤字。

在这种条件下,用"松"的财政政策拉动内需,对付经济衰退;用"紧"的货币政策减少国际收支赤字,调节国际收支平衡,从而有助于促进宏观经济的内外均衡。

(四) 紧缩性的财政政策和扩张性的货币政策

1. 政策作用

这种政策组合的结果是利率下降,总产出的变化不确定。一方面,通过增加税收,控制支出规模,压缩社会总需求,抑制通货膨胀;另一方面,采取"松"的货币政策增加货币供应,以保持经济适度增长。

2. 政策适用的经济环境

这种政策适用的经济环境为:

①经济过热;②物价上涨、通货膨胀;③社会失业率低;④国际收支出现过多顺差。

在这种条件下，采取紧缩性的财政政策和扩张性的货币政策配合是适宜的，前者可以用来对付通货膨胀，后者可以用来减少过多的国际收支盈余（通过刺激进口和以低利率刺激资本流出），从而有助于促进宏观经济的内外均衡。

上述四种组合各有特点。在现实生活中，这四种政策搭配与选择是一个很复杂的问题。采取哪种形式，应视当时的经济情况而定，灵活、适当地运用。

三、中国现阶段宏观调控政策的选择

（一）现阶段的经济形势

（1）经济增长放缓，失业率增加。保经济增长是政策调控的主基调，政策调控需要保持对经济恢复的必要支持力度，因此需要继续采取积极的财政政策。

（2）通货膨胀的治理主要靠货币政策，但当前物价上涨具有明显的结构性特征，同时面临着复杂的形势和多种风险的挑战，需要根据经济形势适时调节，寻求多种目标的平衡。因此，仅靠货币政策手段是不够的，必须更加重视运用财政政策等手段，形成合力，共同管理好通胀预期。

（二）调控政策的选择

基于当前面临的经济形势，既要促进经济增长，实现充分就业，又要保持物价的稳定。在宏观调控方面，仍将继续采取积极的财政政策和稳健的货币政策。

课堂总结

1. 了解财政政策的含义及内容。
2. 了解财政政策的类型及其影响。
3. 了解调控政策的选择。

第17课 财政政策对资本市场的直接影响

一、证券交易成本

目前,证券交易成本包括以下三个部分。

1. 印花税

印花税由国家收取,随着税收政策的变动而变动,目前政策是按照成交金额的千分之一收取,注意,目前实行单向收取,仅在卖出股票时收取,买入不收。

2. 证管费+经手费+过户费

证管费是0.002%,经手费是0.00341%,过户费是0.001%,深交所无过户费。三费相加为0.00641%,是固定的。

3. 佣金

佣金是券商收取的服务费,最高是千分之三,最低可以是万分之一。

以上三部分是构成股票交易的成本,主要的是印花税和佣金。其中,差异最大的是券商收取的佣金,不同券商收取的佣金差异也很大。证券交易印花税也是主要的交易成本,而且国家往往用交易印花税作为调控资本市场的重要工具和措施。

二、证券交易印花税

（一）概念解释

证券交易印花税是针对股票交易额征收的一种税,属于行为税类别。我国税法规定,对证券市场上买卖、继承、赠与所确立的股权转让依据,按确立时实际市场价格计算的金额征收印花税。A 股基本税率为 0.5‰，自 2008 年 9 月 19 日至今由向双边征收改为向单边征收，即向卖方征收，买方不再缴纳印花税。基金和债券均免交印花税。

（二）作用

1. 增加财政收入

1993 年，我国证券交易印花税收入 22 亿元，占全国财政收入的 0.51%；2000 年，此项收入达 478 亿元，占全国财政收入的 3.57%；2021 年，全国一般公共预算收入 202539 亿元，同比增长 10.7%，其中，证券交易印花税收入 2478 亿元，同比增长 39.7%。

2. 调控资本市场

由于证券交易印花税是证券交易成本的重要因素，其征收会直接造成资本市场的摩擦，影响市场流动性和资源配置效率，自然也就成为政府调控股票市场的工具。

三、证券交易印花税的变动及其影响

（一）证券交易印花税的变动

证券交易印花税变动情况见表 5-1。

表 5-1 证券交易印花税变动情况

调整时间	税率变动	单/双边征收	原因
1990 年	6‰	双边征收	开征
1991 年 1 月	6‰ → 3‰	双边征收	发展证券市场
1997 年 5 月	3‰ → 5‰	双边征收	抑制市场过热
1998 年 6 月	5‰ → 4‰	双边征收	微调
2001 年 11 月	AB 股统一调为 2‰	双边征收	微调
2005 年 1 月	2‰ → 1‰	双边征收	微调
2007 年 5 月	1‰ → 3‰	双边征收	抑制市场过热
2008 年 4 月	3‰ → 1‰	双边征收	金融风暴下提振市场
2008 年 9 月	卖方交 1‰	单边征收至今	

（二）税收变动的影响

1. 上证指数

1991—2022 年上证指数日 K 走势见图 5-2。

图 5-2　1991—2022 年上证指数日 K 走势

2. 印花税变动的影响（见表 5-2）

表 5-2　印花税变动的影响

调整时间	税率变动	征收	原因	影响
1990 年	6‰	双边征收	开征	
1991 年 1 月	6‰ → 3‰	双边征收	发展证券市场	大牛市行情启动，半年后上证指数从 180 点飙升至 1429 点，升幅高达 694%
1997 年 5 月	3‰ → 5‰	双边征收	抑制市场过热	当天形成大牛市顶峰 1500 点左右，此后股指跌幅达 30%
1998 年 6 月	5‰ → 4‰	双边征收	微调	
2001 年 11 月	AB 股统一调为 2‰	双边征收	微调	股市产生一波 100 多点的波段行情
2005 年 1 月	2‰ → 1‰	双边征收	微调	2007 年大行情启动的前期阶段
2007 年 5 月	1‰ → 3‰	双边征收	抑制市场过热	两市收盘跌幅均超 6%，跌停个股达 859 家，被称为"5·30"事件
2008 年 4 月	3‰ → 1‰	双边征收	金融风暴下提振市场	初步稳定了行情的下跌
2008 年 9 月	卖方交 1‰	单边征收至今		下跌行情初步在 1900 点企稳，随后反弹到 3150 点

表 5-2 是历次证券交易印花税变动对股票市场的影响，特点如下。

（1）印花税调整方向与证券行情的变动呈负相关关系，即调高印花税，行情下跌；调低印花税，行情上涨。

（2）印花税调整幅度与证券行情的变动呈正相关关系，即微调影响不大，调整幅度大，行情变动大。

（3）印花税调整时间不同，对行情的影响不同，即行情的底部或者顶部，调整印花税的影响较大。

3. 印花税调整的影响事件

突出的有：股市"5·30"事件。

（1）事件回顾。2007年5月30日，当大盘开盘时，沪指直接比前一交易日低开247.51点，下降幅度达5.87%；开盘后，A股稍作反弹，之后便一路下跌直至收盘，A股上证指数暴跌281.81点，跌幅6.5%；深成指跌829.45点，跌幅6.16%。当日呈现百股跌停状况。2007年5月30日，沪深两市共有853只股票跌停，其中，上海A股跌停的有508只，跌停中的下跌幅度在9.95%~10.04%；深圳A股有345只跌停，范围也是9.95%~10.04%。之后，在短短的一周内，沪指从4300点一路狂泄至3400点，短短五个交易日，跌幅近千点，市值缩水近万亿元。众多股票连续遭遇3个跌停板，广大投资者损失惨重，史称"5·30"事件，也有股民戏称财政部"半夜鸡叫"。

（2）原因。股市这样快速下跌的主要原因就是，在2007年5月29日深夜，财政部将股票交易费用中的印花税率由1‰提高到了3‰。

A股从2005年的998点一路上涨到2007年5月29日，最终摸到了4335.96高点，其间大多数股票非理性地疯狂上涨，绝大多数股民都能赚钱，政府为此出台了一系列的警告和调控措施，如加息、提高存款准备金等都没能挡住股市疯狂上涨的脚步。2007年5月，A股市场盛传上调印花税，财政部出面澄清，然后就在30日凌晨，财政部突然宣布证券交易印花税从1‰上调至3‰，成为股市逆转的关键触发点。于是，在2007年5月30日当天大盘开始暴跌，沪指一直跌到3404.15点止跌。所以，5月30日在股民心中有着极为特别的意义。

4. "5·30"的启示

"5·30"暴跌带给散户的教训是惨痛的，在这轮被戏谑为"股市地震"的下跌中，上证指数从4334点暴挫至3404点，短短五个交易日跌幅近千点，市值缩水近万亿元。几百家上市公司的股价连续三日跌停，跌幅超过40%甚至被"腰斩"的个股遍地都是……无数股民争相割肉、夺路而逃，而那些逃不了的人，就此被套"山顶"。该事件对我们发展资本市场有多方面的启示。

（1）市场调控措施有待优化。"5·30"暴跌给人们带来了深刻的反思，尽管出台调控政策的动机无可厚非，从事后效果看也起到了抑制投机的作用，但就对市场的影响而言，政策的出台时机与方式无疑存在值得商榷的地方。市场人士注意到，自此以后，管理层对证券市场的调控思路越来越倾向于运用市场化的调节手段。

国外的情况：单向收取，税率低，淡化印花税甚至取消。

日本：证券交易税实行差别比例税率，对债券类和股票类交易，场内交易和场外交易实行差别税率，以限制场外交易，合理证券构成，对政府债券则免税；单向收取；税率幅度较大，在 0.3% ~ 0.01%。意大利：证券交易印花税的税率为 0.05‰ ~ 0.075‰，每 10 万里拉的债券缴纳 20 ~ 30 里拉的印花税，每 10 万里拉的政府债券缴纳 2.5 里拉的印花税。美国：曾设置证券交易税，为了提高市场的流动性，繁荣证券市场，克林顿政府继承了里根政府的税改政策，在 20 世纪最后 10 年，逐步取消了证券交易税。

国内情况：自 2007 年的"5·30"事件以后至今，几乎没有调整印花税，同样有弱化印花税对证券市场的调控作用。

（2）暴涨与暴跌交互存在的道理不会改变，因此稳定股市需要保持较稳定的调控措施。虽然经过"5·30"的暴跌，但是上证指数仍然从暴跌的低点 3404 再次上涨至 6124 点后跌落至 2008 年 10 月的 1664 点。其间，在大盘疯涨到 5000 多点的时候，很多行业内外都在看涨到 8000 点，甚至上万点，似乎早已经忘记了当初的暴跌。尽管 2008 年的连续大跌有其国内国外诸多因素，但是暴涨就有暴跌的道理始终不会变。

课堂总结

1. 了解证券交易印花税的作用。
2. 了解证券交易印花税变动对股市的影响。

第18课　财政预算及其影响

一、财政预算原理

（一）财政预算体系

1. 财政预算的含义

预算是对未来一定时期内收支安排的计划。财政预算又叫"公共财政预算"，是政府的基本财政收支计划，是由政府编制、经立法机关审批、反映政府在一个财政年度内的收支计划。具体来说，财政预算是按照一定的标准将财政收入和财政支出分门别类地列入特定的收支分类表格中，以便清楚地反映政府的财政收支状况。透过公共财政预算，可以使人们了解政府活动的范围和方向，也可以体现政府政策的意图和目标。

2. 财政预算体系

从世界各国的做法来看，财政预算体系多由中央预算和地方各级预算组成。《中华人民共和国预算法》就明确规定，一级政府设一级预算。中国政府分五个级次：一是中央政府；二是省级政府，包括自治区和直辖市政府；三是市级政府，指设区的市级政府，包括自治州政府；四是县级政府；五是乡级政府。因此，中国的预算体系也由这五级预算组成。

（二）财政预算的内容

按照《中华人民共和国预算法》规定，财政预算由预算收入和预算支出组成。政府的全部收入和支出都应当纳入预算。根据《中华人民共和国预算法》

第五条规定，预算包括一般公共预算、政府性基金预算、国有资本经营预算、社会保险基金预算。

1. 一般公共预算

一般公共预算是对以税收为主体的财政收入，安排用于保障和改善民生、推动经济社会发展、维护国家安全、维持国家机构正常运转等方面的收支预算。其中，中央一般公共预算收入包括中央本级收入和地方向中央的上解收入。中央一般公共预算支出包括中央本级支出、中央对地方的税收返还和转移支付。

2. 政府性基金预算

政府性基金预算是对依照法律、行政法规的规定在一定期限内向特定对象征收、收取或者以其他方式筹集的资金，专项用于特定公共事业发展的收支预算。政府性基金预算实行以收定支。

3. 国有资本经营预算

国有资本经营预算是对国有资本收益做出支出安排的收支预算，按照收支平衡的原则编制，不列赤字。

4. 社会保险基金预算

社会保险基金预算是将社会保险缴款、一般公共预算安排和其他方式筹集的资金，专项用于社会保险的收支预算。社会保险基金通过预算实现收支平衡。

二、财政预算管理及其影响

（一）财政预算管理

1. 财政预算管理的程序法定化

财政预算是经法定程序审批的、政府在一个财政年度内的基本财政收支计划；经人民代表大会批准的预算，非经法定程序，不得调整；各级政府、各部门、各单位的支出必须以经批准的预算为依据，未列入预算的不得支出。

2. 财政预算管理的平衡机制

（1）《中华人民共和国预算法》第十二条规定，各级预算应当遵循统筹兼顾、勤俭节约、量力而行、讲求绩效和收支平衡的原则。

（2）《中华人民共和国预算法》第三十四条规定，中央一般公共预算中必需的部分资金，可以通过举借国内和国外债务等方式筹措，举借债务应当控制适当的规模,保持合理的结构。对中央一般公共预算中举借的债务实行余额管理,余额的规模不得超过全国人民代表大会批准的限额。国务院财政部门具体负责对中央政府债务的统一管理。

(3)《中华人民共和国预算法》第三十五条规定,地方各级预算按照量入为出、收支平衡的原则编制,除本法另有规定外,不列赤字。

地方财政预算举债的限制:经国务院批准的省、自治区、直辖市的预算中必需的建设投资的部分资金,可以在国务院确定的限额内,通过发行地方政府债券举借债务的方式筹措。举借的债务应当有偿还计划和稳定的偿还资金来源,只能用于公益性资本支出,不得用于经常性支出。除此之外,地方政府及其所属部门不得以任何方式举借债务。除法律另有规定外,地方政府及其所属部门不得为任何单位和个人的债务以任何方式提供担保。

(二)财政预算管理的影响

财政预算管理,直接体现了政府的政策意向,直接影响到社会经济的发展。这种政策意向表现为财政政策的类型,是扩张性财政政策还是紧缩性财政政策抑或是中性财政政策?

1. 财政预算的一般规则

理论上讲,财政预算管理的一般规则是:收支平衡,略有结余。要求在编制财政预算时强调收支平衡,一般不要出现赤字预算。这不仅是财政预算管理的基本要求,也是规范财政行为的重要原则。

2. 预算赤字和赤字预算

财政赤字,通常有两种:一是预算赤字,即在预算编制时收支平衡,但在预算执行中由于收支时间差形成的赤字,一般是通过发行国库券来解决短期财政赤字,这种赤字在年内可以弥补;二是赤字预算,即编制财政预算时就是赤字,即收支不平衡,这种赤字只能通过发行中长期的国家公债券来弥补,体现的是扩张性财政政策,对经济发展将产生刺激和促进作用。

课堂总结

1. 了解财政预算的含义和内容。
2. 了解财政预算的类型及其对宏观经济的影响。

第19课 税收政策的变动及其影响

一、税收政策的特征

(一) 税收政策含义

税收政策,是指国家为了实现一定时期的社会和经济发展目标,选择并确立的税收分配活动的基本原则和行为准则,是经济政策的重要组成部分。

税收政策与税收原则既有联系又有区别。二者都是指导税收分配活动的准则,但税收原则是指导税收行为的思想观念性准则,具有指导性意义,且较为宽泛;而税收政策则是税收行为的指导准则,更具有实践性、可操作性,必须执行。

税收政策的实施过程是由政策的决策主体、政策目标、政策手段、目标和手段之间的内在联系、政策效果评价和信息反馈等要素构成的一个完整的调控系统。

(二) 税收政策的特征

税收政策具有强制性、无偿性、固定性和时间性特征。

(1) 税收政策的强制性,是指通过颁布法律或政令进行强制征收,因而也是无偿的。

(2) 税收政策的固定性,是指税收是按照国家法令规定的标准征收的,即纳税人、课税对象、税目、税率、计价办法和期限等,都是税收法令预先规定了的。同样,法令未规定的不得征收。

(3) 税收政策的时间性。不同时期的税收政策,包括征收的税种、税率等有所不同。

二、税收政策的内容

税收政策包括税收总政策和税收具体政策。

（一）税收总政策

税收总政策是根据国家在一定历史时期税收所发生的基本矛盾确定的，用以解决这些基本矛盾的指导原则，也称"税制建立原则"，是建立各项税收制度的指针，包括对税制的总体布局和税种结构的建立等，在一定历史时期内具有相对稳定性。

（二）税收具体政策

税收具体政策是在税收总政策指导下，解决税收工作中比较具体的矛盾的指导原则，通常是指某一税种的政策。主要内容包括各税种的税率、税目、减免、课征环节等税制要素的确定。税收具体政策随着社会经济政治等形势的变化而变化。

（三）现行税制体系

流转税制：增值税、消费税、关税等。

所得税制：企业所得税、个人所得税。

资源税制：资源税、城镇土地使用税等。

财产税制：房产税、车船使用税、船舶吨税等。

行为税制：购置税、印花税、契税、环境保护税等。

特定目的税制：城市维护建设税、土地增值税等。

农业税：烟草税、耕地占用税等。

三、税收政策变动的影响

（一）税收政策的变动

根据税收政策的内容和特点，税收政策变动的特征如下。

（1）税收总政策在一定时期内将保持相对稳定性。

（2）税收具体政策的变动将视社会经济发展的需要而变动。

首先，税种的增减在短期内变动不大。

其次，税收的课征环节变动不大。

最后，可能变动的是税率和税收的减免。

（二）税收政策变动的影响

1. 税收政策变动的一般影响

税收的一般作用有两个。首先是影响财政收入。组织国家财政收入是税收原生的最基本职能，而税收政策的变动，包括税种和税率等的变动，都将对国家的财政收入产生直接的影响。其次是影响税收对经济的调控。比如，开征新税种将会限制某个行业的发展，增加税收减免将会鼓励某个行业的发展等，从而发挥税收的经济调控作用。

2. 税率变动的影响

通常提高税率为紧缩的财政政策，而降低税率为积极的财政政策。积极的财政政策会促进经济增长。比如，近年来，我国的增值税率、企业所得税率不断降低，对企业发展生产和国民经济的恢复与发展起到了重要作用，同样也会促进股市的稳定和发展。

3. 税收优惠变动的影响

税收优惠对经济的发展具有重要的刺激作用。比如，改革开放以后，为了鼓励出口，争取更多的外汇，我国对商品出口实行免税和退税的税收政策，极大地促进了我国的出口创汇；又如，为了鼓励企业创新，在企业所得税的征收过程中，增大研发支出扣除比例税收优惠政策，这对于鼓励企业创新意义重大。同样地，由于税收优惠，企业的净利润增加，这些受惠上市公司股票的市场表现必将更好，有利于股市的稳定和发展。

课堂总结

1. 了解税收政策的特点。
2. 了解税收政策的内容。
3. 了解税收政策变动对经济增长和股市的影响。

注意：财政政策尤其是税率和税收优惠政策的变动，对企业乃至行业的影响很大，是投资决策的重要参考。

第 20 课　国债政策及其影响

一、国债政策的特征

（一）国债政策的含义

国债，又叫"国家公债"，是国家以其信用为基础，按照债的一般原则，通过向社会筹集资金所形成的债权债务关系。其中，以债券方式筹集资金形成的国债，是由中央政府为筹集财政资金而发行的一种政府债券，是中央政府向投资者出具的、承诺在一定时期支付利息和到期还本的债权债务凭证。由于国债的发行主体是国家，以国家信誉做担保，具有最高的信用度，被称为"无风险证券"，也被公认为是最安全的投资工具。

中国的国债，特指财政部代表中央政府发行的国家公债，包括无记名（实物）国债、凭证式国债和记账式国债三种。

国债政策是政府在公债的发行、流通和偿还等方面实行的政策总称，包括国债的发行政策、流通政策、使用政策、偿还政策、总量政策和结构政策等，是通过国债调节资源配置及其整个经济运行的重要经济政策，是财政政策中重要的有机组成部分，是国家宏观经济政策体系一个重要的子系统。

（二）国债政策的特征

1. 国债的特征

国债具有安全性极高、收益较稳定、流动性较强、发行对象较广范等特征。国债的债权人既可以是国内外的公民、法人或其他组织，也可以是某一国家或地区的政府以及国际金融组织,而债务人一般只能是国家。对于稳健型的投资者来说,购买国债是一种不错的投资方式。

2. 国债政策的灵活性和有效性特征

国债政策,不仅是筹措财政资金的手段,更是宏观调控的重要工具,可以根据社会经济发展的客观情况和政策目标,灵活地运用政策手段,达到宏观调控的政策目的。比如,一方面,通过发行国债,政府筹措财政资金,可以用于政府投资或者增加财政支出,从而刺激经济增长;另一方面,通过发行国债,政府回收流通中过多的货币,有效抑制通货膨胀,或者是有助于中央银行通过回购业务,包括正回购和逆回购等方式,在公开市场上吞吐货币量,保持币值稳定,促进经济增长。

(三) 国债的种类

(1) 按举债方式不同,国债分为国家借款和国家债券。

(2) 按发行地域不同,国债分为国家内债和国家外债。

(3) 按期限不同,国债分为短期国债和中长期国债。理论上讲,短期国债,是指期限在1年以内的国债,这种国债通常叫作"国库券"。国库券的严格定义,是为弥补预算赤字而发行的短期国债,这是预算执行中的赤字,在一年之内可以弥补。中长期国债,是指期限在1~10年(含1年)的中期国债、10年以上(含10年)的长期国债,是为了弥补赤字预算而发行的国家公债券。中长期国债的发行,体现了国家实施积极的财政政策。

(4) 按使用用途不同,国债分为赤字国债、建设国债、特种国债和战争国债等。赤字国债是国家为弥补财政赤字而发行的债券。特种国债又称"特种债券",是指为实施某种特殊政策在特定范围内或为特定用途而发行的国债。国债的通常用途包括:平衡财政收支、筹措建设资金、偿还到期国债、筹集军费等。

二、中国国债发行及国债市场

（一）国债发行状况

1. 国债发行规模逐年扩大

中国从1981年开始恢复国债发行，40多年来，国债年度筹资规模不断扩大，仅国债（不包括地方债）就由1981年的48亿元发展到2021年的6.8万亿元；2021年末，国债余额达到23万亿元。通过发行国债将社会闲散资金筹集起来，为我国的经济增长提供了强大的资金支持。

2. 国债品种日益丰富

中国的国债从早期的实物国库券，发展到现在的凭证式国债、电子式（储蓄）国债、记账式国债等种类：1981年，开始恢复国债发行，采用实物国库券；1988年，开始增设国家建设债券、财政债券、特种国债、保值公债等新品种；1993年，财政部尝试采用无券记账形式发行非实物国债；1994年，财政部首次发行了半年和一年的短期国债；1998年，记账式国债全面取代实物国库券，所有国债统一规范为可上市流通的记账式国债和不可上市流通的凭证式国债两种；2006年，推出了电子式（储蓄）国债等。

3. 国债期限不断优化

国债的期限可分为短期、中期和长期三类。1年以下的为短期国债，1~10年的为中期国债，10年以上的为长期国债。中国国债的主要期限分为：1年期、3年期、5年期、10年期等。从1981年恢复国债发行，国债期限从20世纪80年代初的5~9年，变为1985年发行的5年期；1985—1993年，国债发行期限集中在3年期和5年期，其中，1987年开始发行3年期国债，1988年还发行了2年期国债；1996年尝试发行10年期国债；2001年发行15年期和20年期国债；2002年发行30年期国债；2006年滚动发行1年期及以下的短期国债；2009年成功发行50年期国债。目前，我国已建立了以1年期、3年期、5年期、7年期和10年期等关键期限为主的滚动发行模式，形成从1年期以下、1~10年期到50年期的短期、中期、长期兼备的，丰富完整的期限结构。

（二）国债交易市场

1. 柜台交易时期（1986—1991年）

1986年8月，经中国人民银行沈阳市分行批准，由沈阳市信托投资公司开办的中国第一个债券买卖业务市场，即官方批准的柜台交易市场成立。除国债外，也允许企业债券交易。

2. 交易所交易为主时期（1991—1997年）

1991年，随着证券交易所的成立，债券的交易重心逐渐向交易所转移，形成了场内和场外交易并存的市场格局。1992年12月28日，上交所首次设计并试行推出了国债期货合约，2.5%的保证金制度可把交易量扩大40倍。1995年5月，因国债期货"327"事件，国债期货市场关闭。1995年8月，国家正式停止了一切场外债券市场，证券交易所变成了中国唯一合法的债券市场。1996年，记账式国债开始在上交所、深交所大量发行。同时，随着债券回购交易的展开，初步形成了交易所债券市场体系。1997年上半年，随着股市的大涨，大量银行资金通过交易所债券回购方式流入股票市场造成股市过热。为此，根据国务院的统一部署，中国人民银行决定商业银行全部退出上交所和深交所的债券市场。

3. 以银行间市场交易为主（1997年至今）

正是为了解决交易所市场发展产生的问题，1997年6月，中国人民银行要求各商业银行一律停止在交易所进行债券交易，改为在全国同业拆借中心进行债券交易，这标志着银行间债券市场的形成。

2002年是我国债券市场发展史上值得记住的一年。在这一年，我国债券市场的交易主体得到丰富，市场统一性得到加强，债券发展方向得到明确，债券市场体系基本确立。具体体现在以下几点：

（1）在交易主体方面，将银行间债券市场准入由核准制改为备案制。

（2）在市场统一性方面，允许商业银行承办记账式国债柜台业务，从而联通了银行间债券市场和柜台债券市场。允许保险公司、基金公司、证券公司等非银行金融机构在银行间债券市场和交易所债券市场交易，从而联通了这两个债券市场。

（3）2002年，中央银行适时推出了中央银行票据，并使之成为公开市场业务的有效工具之一。

三、国债政策的影响

（一）国债效应的一般分析

国债效应，是指国债运行对社会经济发展产生的影响。这种影响是通过对国债功能的运用来实现的。通常，可以把国债效应概括为国债的分配效应和国债的调节效应。

1. 国债的分配效应

国债的发行、使用、流通和偿还都会对国民财富的分配产生影响，这种影响就是国债的分配效应。国债作为财政政策的重要工具，无论是在国债运行的哪个环节都将产生分配效应。

2. 国债的调节效应

国债的调节效应，是指国债作为国家宏观调控的重要手段，对社会经济运行产生的影响。这种调节效应主要表现在：首先是国债对经济发展速度的调节效应，其次是国债对社会经济结构的调节效应，最后是国债对货币流通量的调节效应。

（二）国债政策变动的影响

国债政策的内容较多，主要包括国债的发行政策、流通政策、使用政策、偿还政策、总量政策和结构政策等。这些政策都将对社会经济发展产生一定的影响。尤其是国债发行的规模政策、结构政策和使用政策等，直接体现了财政政策的类型，是扩张性财政政策还是收缩性财政政策。

1. 扩张性财政政策

当经济发展处于萧条阶段，经济增长下滑，失业率增加时，为了刺激经济增长，通常可以实施扩张性财政政策，诸如赤字财政政策。另外，增加国债的发行、筹措建设资金、增加政府投资等，也会刺激经济增长。

2. 收缩性财政政策

当经济发展处于繁荣，尤其是可能出现过度繁荣的阶段时，通常伴随着较高的通货膨胀，政策目标将主要是抑制通货膨胀。在财政政策方面，可以是减少国债的发行、减少政府投资等，能在一定程度上抑制通货膨胀，对过热的经济产生一定的抑制作用。

课堂总结

1. 了解国债政策的经济含义及其内容。
2. 了解国债效应及国债政策变动的影响。

第21课　财政支出政策及其影响

一、财政支出及其作用

（一）财政分配体系

财政支出与财政收入一起构成财政分配的完整体系。财政收入，主要通过税收来进行国民收入的再分配；财政支出，主要通过支出规模和结构来进行国民收入的再分配。财政支出是财政收入的归宿，反映了政府政策的选择，体现了政府活动的方向和范围。所以，财政支出是财政分配活动的重要环节。

（二）财政支出的含义

财政支出，又叫"公共财政支出"，通常是指国家政府为实现其各种职能，提供公共产品和服务，满足社会共同需要而进行的财政资金支付，因此也称为"财政预算支出"。

在我国，由于存在预算外资金，财政支出的概念有狭义与广义之分：狭义的财政支出仅指预算内支出，广义的财政支出则包括预算内支出和预算外支出。如果没有特殊的说明，一般是指狭义的财政支出概念。

（三）财政支出的作用

（1）财政支出是保障国家机器正常运转、维护国家安全、巩固各级政府政权建设的物质基础，如行政管理、国防、外交、公安、司法、监察等方面的支出。财政支出包括一般公共服务支出、外交支出、国防支出、公共安全支出等。

（2）财政支出是维护全社会稳定，提高全民族素质等社会公共事业的物质保障，如社会保障、科技、教育、卫生、文化、扶贫等支出。财政支出包括教育支出、科学技术支出、卫生健康支出、社会保障和就业支出、节能环保支出、城乡社区支出等。

（3）财政支出通过基础设施建设的投资，为社会经济的发展提供坚实的基础，有利于经济环境和生态环境的改善与发展，如水利、电力、道路、桥梁、环保、生态等方面的支出。

（4）财政支出对宏观经济具有较强的调控功能和作用。国家通过财政支出的规模和结构等对宏观经济实施必要的宏观调控。

二、财政支出的内容及支出结构

（一）财政支出的内容及其分类

财政支出的内容很多，按照不同标准有不同的分类，代表不同的意义。

（1）按经济性质分为生产性支出和非生产性支出。生产性支出，是指与社会物质生产直接相关的支出，如企业挖潜改造支出、支持农村生产支出和农业部门基金支出等；非生产性支出，是指与社会物质生产无直接关系的支出，如国防支出、武装警察部队支出、文教卫生事业支出、抚恤和社会福利救济支出等。

（2）按最终用途分为补偿性支出、积累性支出与消费性支出。补偿性支出主要是对生产过程中固定资产的耗费部分进行弥补的支出，如挖潜改造资金；积累性支出是指最终用于社会扩大再生产和增加社会储备的支出，如基本建设支出、工业交通部门基金支出、企业控潜发行支出等，这部分支出是社会扩大再生产的保证；消费性支出是指用于社会福利救济费等，这部分支出对提高整个社会的物质文化生活水平起着重大的作用。从动态的再生产角度考察，财政支出可分为投资性支出和消费性支出。

（3）按与国家职能的关系分为：①行政管理费支出，包括公检法支出、武警部队支出等；②社会文教费支出，包括科学事业费和卫生事业费支出等；③经济建设费支出，包括地质勘探支出、国家物资储备支出、工业交通部门基金支出、商贸部门基金支出、基本建设支出、流动资金支出等；④其他支出，包括国防、政策性补贴、债务等支出。

（4）按国家预算收支科目分为一般预算支出、基金预算支出、专用基金支出、资金调拨支出和财政周转金支出等。

（5）按支出产生效益的时间分为经常性支出和资本性支出。

经常性支出，是维护国家实现其职能正常需要和满足社会公共部门正常运转需要的财政支出。经常性支出的弥补方式是税收。

①国家政权建设支出，包括行政管理费，公、检、法支出，国防费支出，外交支出等。

②事业发展和社会保障支出，包括农业水利事业费、农垦事业费、农业事业费、畜牧业事业费、林业事业费、水利事业费、水产事业费、气象事业费、农机事业费、其他农业事业费，以及文教、科学、卫生事业费，包括文化事业费、教育事业费等。

③税务等部门事业费。

④政策性补贴支出，包括粮、棉、油价格补贴，平抑物价和储备粮等补贴，肉食价格补贴，其他价格补贴等。

⑤对外援助支出。

⑥其他支出。

⑦行政事业单位离退休经费等。

⑧预备费。

资本性支出，就是政府的公共性投资支出，包括政府在基础设施上的投资、环境改善方面的投资以及政府储备物资的购买等。资本性支出的补偿方式有税收和国债。

（二）财政支出结构

1. 经济含义

财政支出结构是各类财政支出占总支出的比例关系。一国财政支出结构的现状及变化，表明了该国政府正在履行的重点职能以及变化趋势。

2. 影响因素

（1）经济发展阶段。财政支出结构既与一国经济体制和相应的政府职能有关，又受经济发展阶段的制约；中国财政支出结构的演变是与前者相适应的，而合理的财政支出结构最终还是要取决于经济发展阶段。

(2) 政府职能及其变化。通常，财政支出是政府活动的资金来源，也是政府活动的直接成本。因此，政府职能的大小及其侧重点，决定了财政支出结构。二者存在紧密的对应关系。

(3) 政府职能的观点。在经济学中，政府在经济发展中的职能和作用有两种观点：市场主导型和政府主导型。市场主导型，政府干预的范围较小；政府主导型，强调政府要干预经济，不仅要提供基础设施等，还要直接参加投资活动。

3. 结构变化及其特征

鉴于财政支出结构与政府职能存在着紧密的对应关系，如果把政府职能简化为两大类——经济管理职能和社会管理职能，那么财政支出就形成了经济管理支出和社会管理支出。从根本上讲，在市场经济条件下，财政支出结构的长期演变主要取决于经济发展阶段；或者说，不同的经济发展阶段要求财政支出的侧重点不同。这就是马斯格雷夫和罗斯托提出的财政支出结构的发展阶段论。

(1) 财政支出结构见图5-3。

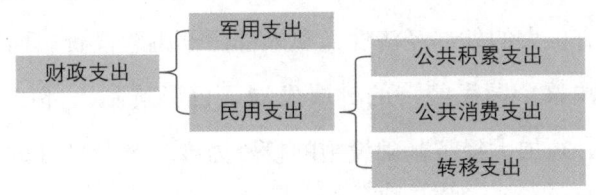

图5-3 财政支出结构

(2) 经济发展分为三个阶段：初级阶段、中级阶段和成熟阶段。在不同的发展阶段，民用支出的这三类支出增长情况不同。

(3) 财政支出结构变动特征。

理论上说，财政投资占社会总投资的比重取决于资本品的外部性——外部性越大的资本品，财政投资的比重越高。一般来说，公共部门主要从事具有较大外部经济性的投资，私人部门则主要从事具有较大内部经济性的投资。

财政支出的阶段性特征见图5-4。

①公共积累支出：财政投资占社会总投资的比重取决于资本品的外部性。

②公共消费支出：增长率取决于社会成员对公共物品需求的收入弹性，而从整个经济发展阶段来看，这一弹性一般大于1。随着经济的发展，公共消费支出

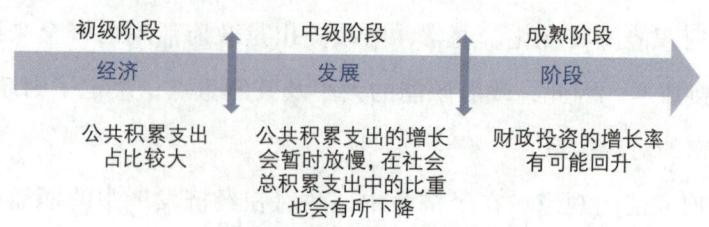

图5-4 财政支出的阶段性特征

呈增长趋势。

③转移支出：取决于经济发展各阶段政府的收入分配目标。

（4）财政支出结构发展阶段论的理论解释如下。

第一，公共积累支出结构变动。从理论上说，财政投资占社会总投资的比重取决于资本品的外部性——外部性越大的资本品，财政投资的比重越高。一般来说，公共部门主要从事具有较大外部经济性的投资，私人部门则主要从事具有较大内部经济性的投资。

在经济发展初期，公共积累支出应占较大的比重。交通、通信、水利设施等经济基础设施具有极大的外部经济性，私人部门不愿意投资，而这些经济基础设施的建设不仅影响整个国民经济的健康发展，也影响私人部门生产性投资的效益。因此，政府必须加大经济基础设施的投资力度，创造良好的生产经营和投资环境，加速经济起飞。

在经济发展的中期，私人部门的资本积累较为雄厚，各项经济基础设施建设已基本完成，财政投资只是私人投资的补充。因此，公共积累支出的增长会暂时放慢，在社会总积累支出中的比重也有所下降。

在经济发展的成熟期，财政投资的增长率有可能回升。因为，在这一时期，人均收入水平很高，人们对生活质量提出更高的要求，需要更新经济基础设施，加大社会基础设施和人力资本的投资。

第二，公共消费支出结构变动。公共消费支出的增长率取决于社会成员对公共物品需求的收入弹性，而从整个经济发展阶段来看，这一弹性一般大于1。根据恩格尔法则，随着一国人均收入水平的提高，人们的消费方式会发生变化，衣、食等基本消费品在整个消费支出中的比重会逐渐下降，而需要公共物品做补充的私用消费品的支出比重会不断提高，因而公共消费支出占社会总消费支出的比重就会相应提高。这种现象在经济发展的初期和中期表现得不十分明显，但到了经济发展的成熟期，人们的消费档次大大提高，不仅需要政府提供各种公共设施与之配套，而且政府的各种管理费会增加，这将导致公共消费支出增长。

第三，转移支出结构变动。转移支出结构变动取决于经济发展各阶段政府的收入分配目标。一旦经济发展进入成熟期，公共支出的主要目标就是提供教育、卫生和福利等方面的社会基础设施。此时，用于社会保障和收入再分配方面的转移支出规模和比重都会有较大幅度的提高。

三、财政支出及其变动的影响

(一) 财政支出促进经济增长

首先，扩大财政支出的规模，体现政府实施积极的财政政策，尤其是处于经济萧条阶段时，增加财政支出对于经济复苏进而促进经济增长意义重大。其次，增加财政支出尤其是投资性支出，不仅能直接增加生产资本，而且能通过乘数效应的作用增加倍数的社会资本投入，促进经济增长。

(二) 财政支出促进产业升级和结构转型

财政支出是影响产业结构变迁的重要原因。财政支出可以通过直接或间接的渠道影响产业结构变迁，而产业结构变迁是我国经济增长的重要驱动力。例如，财政支出通过提高农业部门和非农业部门的全要素生产率，使劳动力在不同部门之间流动，这种劳动力的部门流动将带来资源配置的优化，可以部分解释改革开放以来我国经济增长的奇迹；又如，财政支出中对产业的财政补贴能促进产业结构持续升级迭代，促进产业结构的转型优化。

课堂总结

1. 了解财政支出的含义及内容。
2. 了解财政支出对经济增长的影响。

第 22 课　财政投资支出及其影响

一、财政投资支出的含义

财政投资，又称为"公共投资"或者"财政投资性支出"，是指以政府为主体、将其从社会产品或国民收入中筹集起来的财政资金用于国民经济各部门的一种集中性、政策性投资。财政投资是财政支出的重要组成部分；是政府为了实现其职能，满足社会公共需要，投入资金用于转化为实物资产的行为和过程。

二、财政投资的特点

1. 外部性

由于政府在国民经济中居于特殊地位，可以从事社会效益好而经济效益一般的投资，且应该将自己的投资集中于那些"外部效应"较大，有关国计民生的产业和领域。这就是重点投资方向的特殊性。比如，公用设施、能源、通信、交通、农业，以及治理大江大河和治理污染等有关国计民生的产业及领域。

2. 长期性

政府财力雄厚，而且资金来源多半是无偿的，可以投资于大型项目和长期项目。

3. 非营利性

政府投资可以微利甚至不盈利，但是政府投资建成的项目，可以极大地提高国家经济的整体效益。

三、财政投资的作用

财政投资支出在任何经济发展阶段和经济形态的国家中都发挥着重要作用，

极大地促进经济均衡、持续、健康地发展。

（1）财政投资支出能够有效地克服市场失灵现象，优化配置社会资源，尤其是在以下领域将发挥重要的作用，同时，这些领域也是财政投资支出最主要的方向。一是外部效应较大的行业及领域，包括公用设施、能源、通信、交通等基础设施和基础产业等领域；农业以及治理大江大河和治理污染等有关国计民生的产业及领域。二是投资规模较大、投资及收回投资的周期较长，盈利很少甚至不盈利但社会效益较好的大型项目。

（2）财政投资支出通过政府投资的导向作用，发挥宏观调控功能。比如，在战略性投资领域，通过财政投资能够有效地引导私人投资，促进这些行业及其领域快速发展。一是政府投资的直接调控，即根据宏观经济政策目标，结合非政府投资的状态，安排政府自身投资的方向、规模与结构，使全社会的投资达到优化状态；二是通过财政政策手段间接调控，即发挥产业政策、政府投资的引导作用，并通过税收、财政补贴、折旧政策等，制约和调控非政府投资，如新兴产业发展的政策引导。

四、财政投资支出的范围及其分类

（一）财政投资支出的范围

财政投资的外部性、长期性和非营利性等特征，尤其是外部性特征决定了财政投资的主要范围。

（1）基础产业。狭义上，基础产业主要包括基础设施和基础工业。基础设施主要包括交通运输、机场、港口、桥梁、通信、水利和城市供排水、供气、供电等设施；而基础工业主要包括能源（包括电力）工业和基础原材料（包括建材、钢材、石油化工材料等）工业。广义上，基础产业还包括一些提供无形产品或服务的部门，如科学、教育等部门。

（2）农业。农业投资主要集中在农业固定资产和农业科研、科技推广、农民教育等方面。

（3）战略性新兴产业。战略性新兴产业投资主要集中在新能源、新材料、生物等方面。

（二）财政投资支出的分类

（1）财政投资支出按投资性质可分为生产性投资和非生产性投资。生产性投资包括基本建设支出、增拨流动资金、挖潜改造资金和科技三项费用以及支援农村生产支出。基本建设支出也分为生产性支出与非生产性支出两部分，生产性支出主要用于基础产业投资，非生产性支出主要用于国家党政机关、社会团体、文教、科学、卫生等部门的办公用房建设。

（2）财政投资支出按照投资部门构成可分为公共部门投资和国有资本投资等。

五、财政投资政策

财政投资政策，是指中央和地方政府运用财政手段积累或筹集的资金进行投资而实行的投资行动准则。特别是，当启用扩张性财政政策进行大规模的财政投资时，要有充裕的财力做保障，不能指望长期通过无节制发债、大规模减税、扩大赤字规模保障国民经济的持续增长；财政投资扩张要避免对其他社会投资主体投资的挤出效应。

1. 财政投资对基础产业的政策

首先是政府投资干预的必要性。基础设施和基础工业是狭义的基础产业，大都属于资本密集型行业，而且建设周期较长，投资形成生产能力和投资的时间较长，需要实行政府投资的政策干预。其次是干预方式。财政投资并非完全无偿拨款，最佳途径是采取将财政融资的良好信誉与金融投资的高效运作有机地结合起来进行财政性投融资。

2. 财政投资对农业的政策

农业是国民经济的基础，稳定农业是使国民经济持续发展的重要因素，而我国农业人均收入仍处于低水平，农民不可能形成大的农业投入，因此，必须由政府安排解决农业的投入问题；政府在农业的投入，主要是那些"外部效应"较强的"市场失灵"领域。如农业基础设施建设，大江大河治理，农业科技的研究开发和推广示范，农业产业化、农业社会化服务体系建设，自然灾害的防御等。

六、财政投资对经济增长的影响

1. 财政投资支出对经济增长的影响

投资对经济增长的影响途径主要有三个:一是通过要素投入带动经济增长;二是通过投资带动经济结构的调整来推动经济增长;三是通过投资促使知识革命和技术进步带动经济增长。

2. 财政投资支出对经济结构调整的影响

财政投资支出本身具有宏观调控的功能,包括经济结构的调整功能。财政政策通过财政支出的资源配置功能实施经济结构调整。

(1)财政投资支出对基础产业的影响。基础设施和基础工业均属于资金密集型行业,需要投入大量的资本,同时具有较长的建设周期和较慢的投资回收效率,因此,使财政投资支出成为其资金来源的主要途径。同时,财政投资保障了基础产业的发展,成为经济增长的重要基础支撑。

(2)财政投资支出对高新技术产业的影响。经济时代的主导产业为高新技术产业。该产业具有较大的风险性和资金投入、较高的投资成功回报率等特征。较为理想的投资模式是:财政税收政策等方面支持的风险投资基金作为投资主体,政府直接投资一些特殊的尖端科技产业,如航天、遗传工程等。

课堂总结

1. 了解财政投资支出的含义。
2. 了解财政投资支出的范围和内容。
3. 了解财政投资支出的影响。

第六章

货币政策变动的宏观经济分析

第23课 货币政策及其宏观调控

一、货币政策的含义

货币政策，也就是金融政策，是指中央银行为实现其特定的经济目标而采用的各种控制和调节货币供应量和信用量的方针、政策和措施的总称。货币政策是中央银行通过控制货币供给量以及通过货币供给量调节利率进而影响投资和整个经济以达到一定经济目标的行为。货币政策的实质是国家对货币的供应根据不同时期的经济发展情况而采取紧、松或适度等不同的政策趋向。具体包括信贷政策、利率政策和外汇政策等。

二、货币政策的目标

货币政策目标，并非孤立的，而是由操作目标、中介目标和最终目标组成的相互联系的有机整体。货币政策的最终目标如下。

（1）稳定物价或者又叫"稳定币值"。稳定物价是中央银行货币政策的首要目标，而物价稳定的实质是币值的稳定。稳定物价是一个相对概念，就是要控制通货膨胀。

（2）充分就业。在充分就业的情况下，凡是有能力并自愿参加工作者，都能在较合理的条件下随时找到适当的工作。

（3）经济增长。经济增长，是指 GNP 的增长保持合理的、较高的速度。通常可用 GNP 的增长率指标来衡量。中央银行即以此作为货币政策的目标。

（4）平衡国际收支。平衡国际收支，是指某一时期一国对外经济往来的收

支净额为零,即净出口与净资本流出的差额为零。即

$$国际收支净额=净出口-净资本流出 \qquad (6-1)$$

就国际收支平衡表上经济交易的性质而言,主要可分为两种:一种是自主性交易,或叫"事前交易";另一种是调节性交易,或叫"事后交易",它是为了弥补自主性交易的差额而进行的。若自主性交易收支相等,则说明该国国际收支平衡;若自主性交易收入大于支出,则称为"顺差";若自主性交易支出大于收入,则称为"逆差"。

三、货币政策的作用

货币政策是国家重要的宏观调控政策,但货币政策不是直接干预经济,而是通过政策的传导机制对经济发展产生影响。

首先,货币政策通过政策的松紧变动调控货币供给量来调节社会总需求,从而实现社会总供给与总需求的均衡。当社会总需求与经济的生产能力相比很低时,政府实行积极的货币政策,即通过提高本国货币供应的增长速度来刺激国内市场的总需求。在这种政策下,利息率会因为货币供应量的增多而降低,融资成本降低,消费和投资水平提升。当通货膨胀较严重时,政府采用消极的货币政策,通过削减本国货币供应的增长率来降低国内市场总需求水平。在这种政策下,利息率也随之提高,融资成本上升,抑制投资。

其次,货币政策影响经济发展的方式。运用货币政策工具,通过金融机构的经营活动与金融市场传导至企业和居民,对其生产、投资和消费等行为产生影响。

最后,稳健的货币政策有助于社会经济的稳定发展。

四、货币政策工具

货币政策工具是中央银行为达到货币政策目的而采取的政策手段。《中华人民共和国中国人民银行法》第二十三条规定,中国人民银行为执行货币政策,可以运用下列货币政策工具:(一)要求银行业金融机构按照规定的比例交存存款准备金;(二)确定中央银行基准利率;(三)为在中国人民银行开立账户的银行业金融机构办理再贴现;(四)向商业银行提供贷款;(五)在公开市场上买

卖国债、其他政府债券和金融债券及外汇；（六）国务院确定的其他货币政策工具。中国人民银行为执行货币政策，运用前款所列货币政策工具时，可以规定具体的条件和程序。

根据相关法规和实践，货币政策工具概括如下。

货币政策工具分为一般性货币政策工具和选择性货币政策工具。一般性货币政策工具包括公开市场操作、存款准备金和再贴现，选择性货币政策工具包括贷款规模控制、特种存款、对金融企业窗口指导等。一般性货币政策工具多属于间接调控工具，选择性货币政策工具多属于直接调控工具。

1998年以后，我国取消了贷款规模控制，主要采取间接货币政策工具调控货币供应总量。现阶段，中国的货币政策工具主要有公开市场操作、存款准备金、再贷款与再贴现、常备借贷便利、利率政策、汇率政策、道义劝告和窗口指导等（见图6-1）。

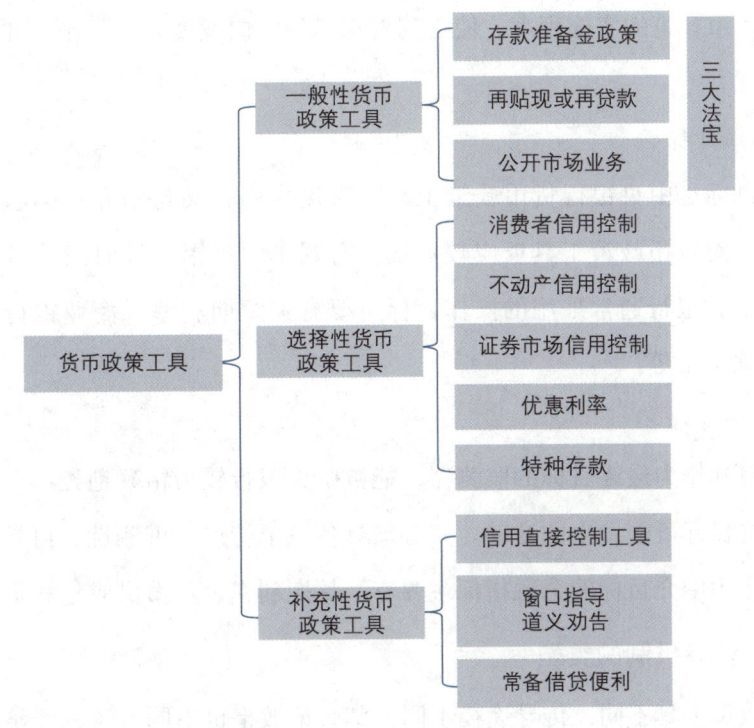

图6-1　货币政策工具分类

2013年11月6日，我国中央银行网站新增"常备借贷便利（SLF）"栏目，标志着这一新的货币政策工具正式使用。中央银行于2013年初创设这一工具。

五、货币政策作用机制

(一) 货币政策一般传导机制

货币政策传导机制,是指中央银行根据货币政策目标,运用货币政策工具,通过金融机构的经营活动和金融市场传导至企业及居民,对其生产、投资和消费等行为产生影响的过程和作用机理。货币政策传导机制的一般过程如下。

货币政策工具→操作目标→中介目标→最终目标

中央银行通过货币政策工具的运作,影响商业银行等金融机构的活动,进而影响货币供应量,最终影响宏观经济指标。中央银行在实施货币政策过程中运用的政策工具无法直接作用于最终目标,需要有一些中间环节完成政策传导的任务。因此,中央银行在其工具和最终目标之间,插进了两组金融变量,即操作目标和中介目标。建立货币政策的中间目标和操作目标,总的来说,是为了及时测定和控制货币政策的实施程度,使之朝着正确的方向发展,以保证货币政策最终目标的实现。

1. 操作目标

操作目标是中央银行货币政策工具能直接作用,又与中介目标联系紧密的金融变量,对货币政策工具反应较灵敏,有利于中央银行及时跟踪货币政策效果。各国中央银行通常采用的操作目标主要有:短期利率、商业银行的存款准备金、基础货币等。

2. 中介目标

中介目标作为最终目标的监测器,能被中央银行较为精确地控制,又能较好地预告最终目标可能发生的变动。其必须具备三个特点:可测性、可控性和相关性。可以作为中介目标的金融指标主要有:长期利率、货币供应量和贷款量。

(二) 传导机制的类型

货币政策工具不同,传导途径不同,其政策效果也不同。各种经济理论对货币政策的传导机制有不同看法,归纳起来货币政策的传导机制有以下四种。

1. 利率传导机制

以利率为渠道是传统凯恩斯主义货币政策传导机制的核心观点,核心变量为

利率。其基本思路如下:

货币供应量↑→实际利率↓→投资↑→总产出↑

2. 信用传导机制

伯南克提出了银行借贷渠道和资产负债渠道两种信用传导机制,并得出货币政策传递过程中即使利率没有发生变化,也会通过信用途径来影响国民经济总量的结论。

(1) 银行信贷渠道:

货币供应量↑→银行存款和贷款↑→投资↑→总产出↑

(2) 企业负债渠道:

在货币供应量↑→股价↑→净值↑→逆向选择和道德风险↓→贷款↑→投资↑→总产出↑

3. 资产价格传导机制

货币学派的托宾 q 理论与莫迪利安尼的生命周期理论提出的传导机制中,货币政策通过其他相关的资产价格以及真实财富效应作用于整个经济。

托宾 q 理论认为,货币政策可以通过股票价值影响企业经济活动:

货币供应量↑→股价↑→托宾 q↑→投资↑→总产出↑

财富效应。莫迪利安尼认为,当宽松的货币政策引起股价上升时,家庭部门的金融资产价值将会上升而产生财富效应,会刺激家庭部门购买耐用品和住宅,社会总需求和总产出随之增加。

货币供应量↑→股价↑→托宾 q↑→投资↑→总产出↑

4. 汇率传导机制

在开放经济条件下,汇率是外汇资产的价格,也是货币政策传导的重要渠道之一。宽松货币政策会引起实际利率水平下降,本币存款相对于外汇资产的预期收益率降低,资本总是从利率相对较低的国家和地区流向利率相对较高的国家和地区,这将导致本币贬值。本币贬值促进本国商品出口,抑制进口,从而使净出口增加,最终导致社会总需求和总产出增加。其传导机制如下:

货币供应量↑→实际利率↓→汇率↓→净出口↑→总产出↑

不同的货币传导机制从不同角度解释了货币供应量增加对于社会总需求和总

产出的影响，货币供应量增加，可以说是通货膨胀，也确实刺激了经济发展，促进了经济的繁荣。宽松的货币政策，会使拥有的金融产品价值、物价等持续上涨。

> **课堂总结**
>
> 1. 了解货币政策及其内容和作用。
> 2. 了解货币政策的传导及其对证券市场的影响。

第24课　货币政策的类型及其影响

一、货币政策的类型

货币政策主要有以下三种。

（一）扩张性货币政策

扩张性货币政策，又叫"宽松的货币政策"。在社会有效需求不足、生产要素大量闲置、产品严重积压、市场明显疲软、国民经济处于停滞或低速增长情况下，中央银行应采取扩张性货币政策。扩张性货币政策主要表现为扩大信贷规模、降低利率、降低存款准备金率和再贴现率、在公开市场上回购有价证券。这样做的目的是让企业和居民更容易获得生产资金和消费资金，意在通过投资需求和消费需求规模的扩大增加社会总需求，刺激经济恢复增长，直至达到复苏、繁荣的局面。同时，还可适度调高汇率，使本币与外币相比有所贬值，以利出口，通过出口需求的扩大来弥补国内需求的不足。采用扩张性货币政策要适度、适时，以避免信贷过度、过久地扩张，引发通货膨胀，还要注意与财政政策及其他宏观调控政策相配合。

（二）紧缩性货币政策

在社会总需求过高、通货膨胀压力趋强、投资和消费明显过热时，中央银行应采取紧缩性货币政策。紧缩性货币政策的主要措施是紧缩名义货币供应量，适当提高再贷款利率和再贴现率，以及商业银行的存款利率，适当压缩再贷款及再贴现的限额；在公开市场上应大量出售有价证券，以便回笼资金。这样做的目的是减少货币流通量，将过高的社会总需求降下来，缓解通货膨胀的压力。同时，在对外经济关系上，可通过调低汇率，使外币与本币相比有所贬值，以利于扩大进口，增加国内有效供给。

（三）中性货币政策

当社会总供求基本平衡、物价稳定、经济以正常速度递增时，中央银行应采取中性货币政策。中性货币政策表现为货币投放量适度，基本上能够满足经济发展和消费需要，利率、汇率基本不变，存款准备金率和再贴现率维持正常水平，既不调高，也不降低。

二、货币政策对经济的影响

（一）扩张性货币政策的影响

扩张性货币政策的主要功能是刺激社会总需求增加。中央银行可通过调降法定存款准备率、调降中央银行再贴现利率、积极从事公开市场操作、延长银行消费贷款还本付息年限、鼓励银行多放款、扩大信用额度等政策措施实施扩张性货币政策。

当货币供应量增加时，利率会降低，人们更容易获得贷款，购买力上升，这将推动社会总需求增加，促进社会经济发展。因此，当经济处于萧条状态时，使用扩张性货币政策是最佳的政策选择。

（二）紧缩性货币政策的影响

紧缩性货币政策的主要功能是削减货币供应的增长来降低社会总需求。中央银行可通过减少货币发行、提高存款准备金率、提高再贴现率、推行公开市场业务、控制银行贷款等措施实施紧缩性货币政策。

实施紧缩性货币政策，旨在通过控制货币供应和提高利率减少投资与需求。总需求的下降会使总供给和总需求趋于平衡，从而降低通货膨胀率。理论上讲，货币供应量减少，会直接导致银行利率上升，获得贷款资金的成本增加而抑制贷款需求。股市下跌，房地产及金融性质的投资减少，致使市场产品价格普遍出现紧缩。在这种政策下，取得信贷较为困难，利息率也随之提高。因此，在通货膨胀较严重时，采用紧缩性货币政策也是最佳的政策选择。

(三)货币政策实施效果

总体上讲,货币政策的实施基本上都能达到较合理的调控效果,但由于存在多种因素的干扰,政策效果往往与预期效果存在一定的偏差。一是货币政策本身是一种间接调控政策。二是客观存在一些干扰因素,其中,最主要的是时滞、合理预期、政治等因素。政治因素对货币政策效果的干扰很大,它可能使中央银行偏离既定的政策,甚至使货币政策部分失效。三是货币政策与财政政策的协调不一致。所以,要求两大政策协调实施。

三、货币政策对资本市场的影响

货币政策是社会总需求的调控政策,无论是何种类型的货币政策,都将直接或间接地影响资本市场。

(一)货币供应量对资本市场的影响

货币供应量的增减是影响股价升降的重要原因之一。因此,影响货币供给量的所有因素都将影响资本市场。资本市场的投资,必须高度关注货币政策的变化。

一是货币供应量增加,对股票的需求增加,短期内将促进股票市场繁荣。

二是货币供应量增加引起社会商品的价格上涨,股份公司的销售收入及利润相应增加,从而使得以货币形式表现的股利即股票的名义收益会有一定幅度的上升,促使股票价格上涨。

三是货币供应量的持续增加引起通货膨胀,通货膨胀带来的往往是虚假的市场繁荣,造成企业利润普遍上升的假象,从而使股票价格相应上涨。

(二)利率变动对资本市场的影响

理论上讲,利率与证券价格呈负相关关系。利率作为资金的价格,其变动直接引导资本市场资金的变化。随着我国金融市场大发展和对外开放步伐的加快,利率变动对资本市场的影响将会越来越敏感,越来越重要。调低利率,不仅意味着资金价格便宜了,货币供给总量增加了,而且影响到居民的金融资产结构,比如,调低利率,会引导储蓄存款流向股票市场,推动股票价格上涨;反之,调高利率则会引起股票价格下跌。

(三）金融监管对资本市场发展的影响

金融监管对资本市场发展的影响主要体现在金融监管力度的大小，直接影响到银行信贷资金违规流入资本市场数量的多少。从我国股市的几次大跌上看，都有银行信贷资金违规流入资本市场这一因素的作用，一般的循环是：股市走强，违规资金活跃；银行查处违规资金，股市下跌；监管放宽，股市再次走强。当然，这里面还包含其他因素，但是作为资金推动型的我国股市，对于清查违规资金的"监管压力"始终是影响大盘的几大决定因素之一。

> **课堂总结**

1. 了解货币政策的主要类型。
2. 了解货币政策对经济发展的影响。
3. 了解货币政策对资本市场的影响。

第 25 课　利率政策及其影响

一、利率政策

（一）利率政策的含义

利率政策是一国中央银行在一定时期内依据客观经济条件和经济政策目标制定的关于利率方面的各种制度、法令和条例的总称。利率政策是我国货币政策的重要组成部分，也是货币政策实施的主要手段之一。中国人民银行根据货币政策实施的需要，适时地运用利率工具，对利率水平和利率结构进行调整，进而影响社会资金供求状况，实现货币政策的既定目标。

（二）利率政策工具

目前，中国人民银行采用的利率工具主要有：

（1）调整中央银行基准利率，包括再贷款利率、再贴现利率、存款准备金利率、超额存款准备金利率等；

（2）调整金融机构法定存贷款利率；

（3）制定金融机构存贷款利率的浮动范围；

（4）制定相关政策对各类利率结构和档次进行调整等。

（三）利率政策的调控作用

利率通常由国家的中央银行控制，利率政策在中央银行货币政策中的地位越来越重要。世界各国频繁运用利率杠杆实施宏观调控，利率政策已成为各国中央银行调控货币供求，进而调控经济的重要手段。

（1）利率是一个重要的金融变量，几乎所有的金融现象、金融资产都与利率有直接或间接的联系。

（2）利率是货币政策的重要调控工具。当经济过热、通货膨胀上升时，便提高利率、收紧信贷；当过热的经济和通货膨胀得到控制时，便会把利率适当地调低。在萧条时期，降低利率，扩大货币供应，刺激经济增长；在膨胀时期，提高利率，减少货币供应，抑制经济的恶性发展。所以，利率对我们的生活有很大的影响。

（3）利率不仅是重要的货币政策工具，也可用于控制投资、通货膨胀及失业率等，继而影响经济增长。合理的利率，对发挥社会信用和利率的经济杠杆作用有着重要的意义。

二、利率体系

利率体系是一个国家在一定时期内各类利率按一定的规则构成的体系。利率体系一般分为中央银行利率和市场利率。其中，市场利率包括商业银行利率和市场利率等（见图6-2）。

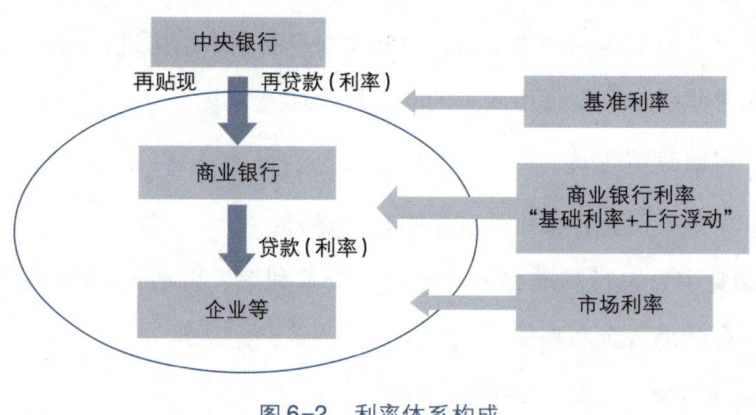

图6-2　利率体系构成

（一）基准利率

基准利率是指中央银行对商业银行及其他金融机构的存贷款利率。不同利率的具体含义见图6-3。

基准利率是金融市场上具有普遍参照作用的利率，其他利率水平或金融资产价格均可以根据这一基准利率水平来确定。基准利率必须具备市场化、基础性和

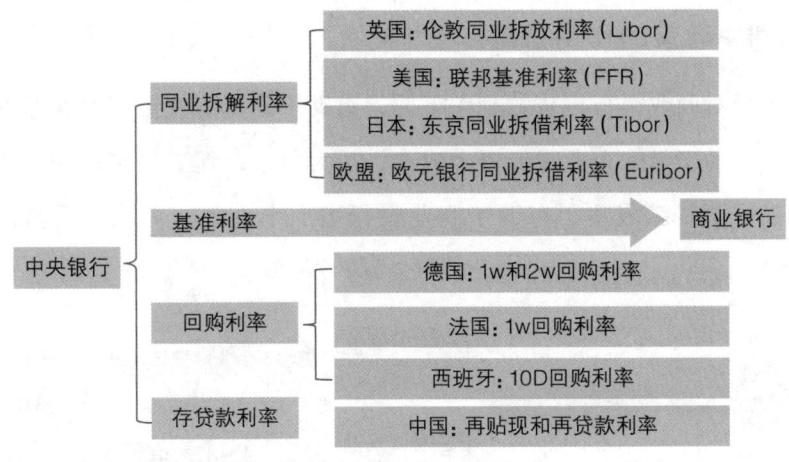

图 6-3　不同利率的具体含义

传递性等基本特征。中央银行通过基准利率发出的调控信号，产生有效的传递效果。各国选择的基准利率有所不同。

（二）基础利率

基础利率在初期由市场活动自发性形成，但在国家干预经济的环境下，则由国家政府或金融管理当局决定。不同国家以及不同时期的基础利率有所不同。美国以联邦资金市场利率为基础利率。我国在 1984 年以前以 1 年期的存款利率为基础利率（见图 6-4），1984 年后中央银行体系确定后，以人民银行规定各商业银行的贷款利率为基础利率。基础利率是中央银行为保持国内金融市场的稳定而制定的一个银行存贷款利率的参考指标，是对中央银行进行宏观调控的一个重要工具。

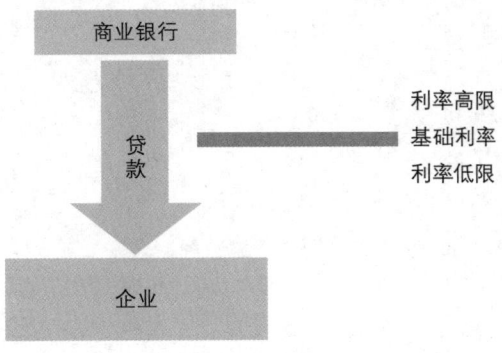

图 6-4　基础利率的含义

三、利率政策的作用机制

中央银行对商业银行再贷款利率下调,有助于降低商业银行对企业的贷款利率,一方面有助于借款企业降低资金成本,扩大负债,促进经济扩张;另一方面降低商业银行再贷款成本,有助于商业银行增加中央银行借款,实施信贷扩张(见图6-5)。

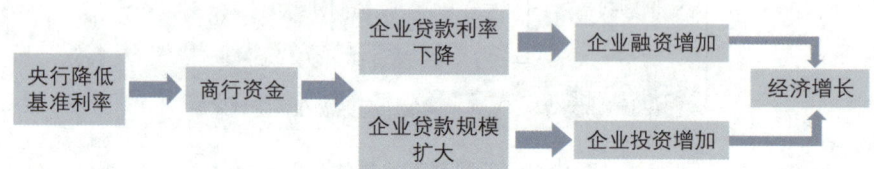

图6-5 利率的作用机制

中央银行对商业银行再贷款利率上调,其作用机制相反。

四、中央银行的利率政策

(一)中央银行贷款基准利率变动趋势

1991—2022年中央银行贷款基准利率见表6-1。

表6-1 1991—2022年中央银行贷款基准利率一览 (%)

调整时间	6个月以内（含6个月）	6个月至1年（含1年）	1~3年（含3年）	3~5年（含5年）	5年以上贷款利率
1991年4月21日	8.1	8.64	9	9.54	9.72
1993年5月15日	8.82	9.36	10.8	12.06	12.24
1993年7月11日	9	10.98	12.24	13.86	14.04
1995年1月1日	9	10.98	12.96	14.58	14.76
1995年7月1日	10.08	12.06	13.5	15.12	15.3
1996年5月1日	9.72	10.98	13.14	14.94	15.12
1996年8月23日	9.18	10.08	10.98	11.7	12.42
1997年10月23日	7.65	8.64	9.36	9.9	10.53
1998年3月25日	7.02	7.92	9	9.72	10.35
1998年7月1日	6.57	6.93	7.11	7.65	8.01
1998年12月7日	6.12	6.39	6.66	7.2	7.56
1999年6月10日	5.58	5.85	5.94	6.03	6.21
2002年2月21日	5.04	5.31	5.49	5.58	5.76

续表

调整时间	6个月以内（含6个月）	6个月至1年（含1年）	1~3年（含3年）	3~5年（含5年）	5年以上贷款利率
2004年10月29日	5.22	5.58	5.76	5.85	6.12
2006年4月28日	5.4	5.85	6.03	6.12	6.39
2006年8月19日	5.58	6.12	6.3	6.48	6.84
2007年3月18日	5.67	6.39	6.57	6.75	7.11
2007年5月19日	5.85	6.57	6.75	6.93	7.2
2007年7月21日	6.03	6.84	7.02	7.2	7.38
2007年8月22日	6.21	7.02	7.2	7.38	7.56
2007年9月15日	6.48	7.29	7.47	7.65	7.83
2007年12月21日	6.57	7.47	7.56	7.74	7.83
2008年9月16日	6.21	7.2	7.29	7.56	7.74
2008年10月9日	6.12	6.93	7.02	7.29	7.47
2008年10月30日	6.03	6.66	6.75	7.02	7.2
2008年11月27日	5.04	5.58	5.67	5.94	6.12
2008年12月23日	4.86	5.31	5.4	5.76	5.94
2010年10月20日	5.1	5.56	5.6	5.96	6.14
2010年12月26日	5.35	5.81	5.85	6.22	6.4
2011年2月9日	5.6	6.06	6.1	6.45	6.6
2011年4月6日	5.85	6.31	6.4	6.65	6.8
2011年7月7日	6.1	6.56	6.65	6.9	7.05
2012年6月8日	5.85	6.31	6.4	6.65	6.8
2012年7月6日	5.6	6	6.15	6.4	6.55
2014年11月22日		5.6		6	6.15
2015年3月1日		5.35		5.75	5.9
2015年5月11日		5.1		5.5	5.65
2015年6月28日		4.85		5.25	5.4
2015年8月26日		4.6		5	5.15
2015年10月24日		4.35		4.75	4.9
2016年1月1日		4.35		4.75	4.9
2017年1月1日		4.35		4.75	4.9
2018年10月1日		4.35		4.75	4.9
2022年10月		4.35		4.75	4.9

1991—2018年中央银行5年及以上贷款基准利率变化如图6-6所示，从1990年起到现在的30多年时间，贷款利率一直处于下调趋势；到2000年以后，

贷款利率的变动幅度不大，尤其是2012年到现在，基本处于小幅下调趋势。

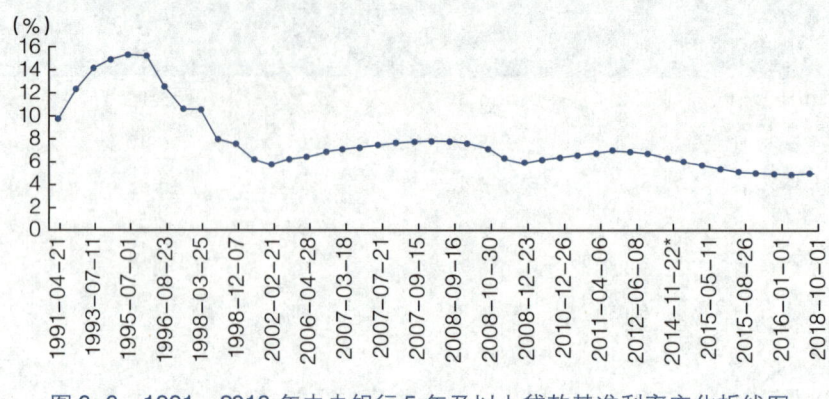

图6-6 1991—2018年中央银行5年及以上贷款基准利率变化折线图

（二）贷款利率政策的新变化

2013年5月24日，《国务院批转发展改革委关于2013年深化经济体制改革重点工作意见的通知》要求稳步推进利率汇率市场化改革。逐步扩大存贷款利率浮动幅度，建立健全市场基准利率体系。

经国务院批准，中国人民银行决定，自2013年7月20日起全面放开金融机构贷款利率管制。

（1）取消金融机构贷款利率0.7倍的下限，由金融机构根据商业原则自主确定贷款利率水平。

（2）取消票据贴现利率管制，改变贴现利率在再贴现利率基础上加点确定的方式，由金融机构自主确定。

（3）对农村信用社贷款利率不再设立上限。

（4）为继续严格执行差别化的住房信贷政策，促进房地产市场健康发展，个人住房贷款利率浮动区间暂不做调整。

五、利率变动对经济的影响

总体上讲，利率下调属于宽松的货币政策，有助于促进经济增长，也有利于股市。利率政策是重要的宏观调控工具，对经济和资本市场的影响是多方面的。

利率下调属于宽松的货币政策，企业融资成本降低，有助于企业技术进步和扩大消费需求，促进经济增长。利率上调属于紧缩的货币政策，其影响与利率上调相反。

货币政策效果。一方面具有时滞性，也就是说政策的影响有一个时间过程，出现政策效果的时滞现象；另一方面可能出现政策失灵，尤其是当处于经济危机阶段而降低利率时，可能出现的一种现象，凯恩斯理论叫作"流动性陷阱"。所以，利率政策的运用，往往要受到市场环境的影响。

> **课堂总结**

1. 了解利率政策的含义及内容。
2. 了解利率政策的作用机制。
3. 了解利率政策的影响。

注意：利率政策对股市的影响是多方面的，既有直接影响，也有间接影响，股市的投资要高度关注利率政策的变化。

第 26 课　存款准备金政策及其影响

一、存款准备金政策

（一）概念解释

存款准备金，是金融企业为应付客户提取存款和资金清算而准备的货币资金。通常，存款准备金主要包括三部分：一是库存现金；二是按存款总额或负债总额的一定比例缴存中央银行的存款，称为"法定存款准备金"；三是在中央银行存款中超过法定准备金的部分，称为"超额存款准备金"。这里讲的存款准备金主要是指法定存款准备金，法定存款准备金是指按照法律规定确立的存款准备金制度。

1983 年 9 月 17 日，国务院决定中国人民银行专门行使中央银行职能，依法建立了存款准备金制度。

1986 年 1 月 7 日，国务院颁布《中华人民共和国银行管理暂行条例》，对存款准备金制度进一步做出法律规定。

1995 年 3 月 18 日颁布的《中华人民共和国中国人民银行法》和 1995 年 7 月 1 日起施行的《中华人民共和国商业银行法》都对存款准备金做了相应的法律规定。

1998 年 3 月 24 日，中国人民银行发布了《关于改革存款准备金制度的通知》，对有关存款准备金制度的事宜做了具体规定。

（二）政策内容

现行法律法规就中国人民银行关于商业银行交存存款准备金的范围、比例和操作都做了具体规定。《中华人民共和国中国人民银行法》规定，中国人民银行制定和执行货币政策，有权要求金融机构按照规定的比例交存存款准备金；有权对金融机构执行有关存款准备金管理规定的行为进行检查监督。《中华人民共和国商业银行法》规定，商业银行应当按照中国人民银行的规定，向中国人民银行交存存款准备金。存款准备金政策，是中央银行三大传统货币政策工具之一。中央银行通过调整存款准备金比率和缴存范围，可以控制商业银行的贷款规模，进而调控货币供应量。

（1）规定存款准备金制度适用对象。存款准备金制度一般适用于商业银行和其他金融机构。最初实行存款准备制度时，一般只要求商业银行缴存存款准备金。但是，后来，随着金融活动的发展，非银行金融机构也以各种方式开展存款业务，于是存款准备制度的实施对象就从原来的商业银行扩展为所有吸收存款的金融机构。

（2）调整存款准备金缴存范围。不同种类的存款，有不同的存款准备金率，不同时期的存款准备金率也有差异。一般来说，对流动性较高的存款，存款准备金率就高；反之，存款准备金率就低。目前，商业银行交存存款准备金的范围是其吸收的一般存款，包括企业存款、储蓄存款、农村存款和其他存款。

（3）调整存款准备金比率。中央银行根据货币政策的需要，可以依法随时调整存款准备金率。存款准备金率越高，银行吸收的存款中用于创造派生存款的数量就越少，货币乘数就越小，货币供应量也越少；反之，货币供应量越多。调整法定存款准备金率是中央银行重要的货币政策手段。在经济高涨时，中央银行需要收缩信用规模，提高法定存款准备金率，这意味着银行能派生出的货币也随之下降。其结果是，市场上的货币供应量减少，货币的供求关系发生变化，利息率上升。利息率的上升和货币供应量的减少，势必会抑制投资需求，社会总需求的扩张势头就会得到抑制。在经济衰退时期，中央银行降低法定存款准备金率，结果与上述经济上涨时期的情况正好相反。

二、存款准备金政策的调控作用

存款准备金制度对金融宏观调控的作用如下。

（1）调控信贷规模和货币供应量。

（2）增强中央银行信贷资金宏观调控能力。对于商业银行而言，存款准备金制度对于增强商业银行的存款支付能力和资金清偿能力也具有一定的作用。其表现主要有：

①限制商业银行派生存款的扩张能力，起着减轻商业银行债务负担和支付压力的作用，客观上增强了商业银行支付和资金清偿能力；

②中央银行集中的存款准备金，对商业银行的支付和稳定起着最后的支持和保证作用；

③当商业银行存款下降时，中央银行按规定的比例调减存款准备金，可以增加商业银行的资金头寸。

三、存款准备金政策的作用机制

存款准备金政策是中央银行通过调节商业银行系统需缴存的存款比例而实施的宏观调控。

存款准备金率下调，有助于商业银行扩大贷款规模，促进经济增长。上调存款准备金率的作用机制与中央银行下调存款准备金率相反。存款准备金作用机制见图6-7。

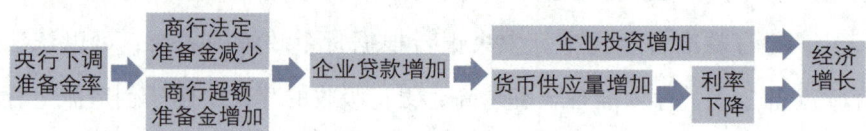

图6-7　存款准备金作用机制

四、中央银行的存款准备金政策

（一）中央银行存款准备金率政策的变动

1. 中央银行存款准备金率变动情况（见表6-2、表6-3）

表6-2　1984—2006年中央银行存款准备金率一览　　　　　　　　（%）

公布时间	生效时间	企业存款	调整后	农村存款	调整后	储蓄存款	调整后
1984年			20.00		25.00		40.00	建立初期
1985年			10.00		10.00		10.00	调整统一
1987年			12.00		12.00		12.00	
1988年9月1日			13.00		13.00		13.00	

续表

公布时间	生效时间	企业存款	调整后	农村存款	调整后	储蓄存款	调整后
1998年3月21日			8.00		8.00		8.00
1999年11月21日			6.00		6.00		6.00
2003年9月21日			7.00		7.00		7.00
2004年4月25日			7.50		7.50		7.50
2006年7月5日			8.00		8.00		8.00
2006年8月15日			8.50		8.50		8.50
2006年11月15日			9.00		9.00		9.00

表6-3 2007—2022年中央银行存款准备金率一览 （%）

公布时间	生效时间	大型金融机构			中小金融机构			消息公布次日指数涨跌	
		调整前	调整后	调整幅度	调整前	调整后	调整幅度	上证指数	深证指数
2007年1月5日	2007年1月15日	9	9.5	0.5	9	9.5	0.5	2.49	2.45
2007年2月16日	2007年2月25日	9.5	10	0.5	9.5	10	0.5	1.4	0.05
2007年4月5日	2007年4月16日	10	10.5	0.5	10	10.5	0.5	0.13	1.17
2007年4月29日	2007年5月15日	10.50	11	0.5	10.5	11	0.5	2.17	1.66
2007年5月18日	2007年6月5日	11	11.5	0.5	11	11.5	0.5	1.04	1.4
2007年7月30日	2007年8月15日	11.5	12	0.5	11.5	12	0.5	0.68	0.92
2007年9月6日	2007年9月25日	12	12.5	0.5	12	12.5	0.5	−2.16	−2.21
2007年10月13日	2007年10月25日	12.5	13	0.5	12.5	13	0.5	2.15	−0.24
2007年11月10日	2007年11月26日	13	13.5	0.5	13	13.5	0.5	−2.4	−0.55
2007年12月8日	2007年12月25日	13.5	14.5	1	13.5	14.5	1	1.38	2.07
2008年1月16日	2008年1月25日	14.5	15	0.5	14.5	15	0.5	−2.63	−2.41
2008年3月18日	2008年3月25日	15	15.5	0.5	15	15.5	0.5	2.53	4.45
2008年4月16日	2008年4月25日	15.5	16	0.5	15.5	16	0.5	−2.09	−3.32
2008年5月12日	2008年5月20日	16	16.5	0.5	16	16.5	0.5	−1.84	−0.7
2008年6月7日	2008年6月15日	16.5	17	0.5	16.5	17	0.5	−7.73	−8.25
2008年6月7日	2008年6月25日	17	17.5	0.5	17	17.5	0.5	−7.73	−8.25
2008年9月15日	2008年9月25日	17.5	17.5	0	17.5	16.5	−1	−4.47	−0.89
2008年10月8日	2008年10月15日	17.5	17	−0.5	16.5	16	−0.5	−0.84	−2.4
2008年11月26日	2008年12月5日	17	16	−1	16	14	−2	1.05	2.3
2008年12月22日	2008年12月25日	16	15.5	−0.5	14	13.5	−0.5	−4.55	−4.69
2010年1月12日	2010年1月18日	15.5	16	0.5	13.5	14	0.5	−3.09	−2.73
2010年2月12日	2010年2月25日	16	16.5	0.5	14	14.5	0.5	−0.49	−0.74

续表

公布时间	生效时间	大型金融机构			中小金融机构			消息公布次日指数涨跌	
		调整前	调整后	调整幅度	调整前	调整后	调整幅度	上证指数	深证指数
2010年5月2日	2010年5月10日	16.5	17	0.5	14.5	15	0.5	−1.23	−1.81
2010年11月10日	2010年11月16日	17	17.5	0.5	15	15.5	0.5	1.04	−0.15
2010年11月19日	2010年11月29日	17.5	18	0.5	15.5	16	0.5	−0.15	0.06
2010年12月10日	2010年12月20日	18	18.5	0.5	16	16.5	0.5	2.88	3.57
2011年1月14日	2011年1月20日	18.5	19	0.5	16.5	16.5	0	−3.03	−4.55
2011年2月18日	2011年2月24日	19	19.5	0.5	16.5	17	0.5	1.12	2.06
2011年3月18日	2011年3月25日	19.5	20	0.5	17	18	1	0.08	−0.62
2011年4月17日	2011年4月21日	20	20.5	0.5	18	18.5	0.5	0.22	0.27
2011年5月12日	2011年5月18日	20.5	21	0.5	18.5	19	0.5	0.95	0.7
2011年6月14日	2011年6月20日	21	21.5	0.5	19	19.5	0.5	−0.9	−0.99
2011年11月30日	2011年12月5日	21.5	21	−0.5	19.5	19	−0.5	2.29	2.32
2012年2月18日	2012年2月24日	21	20.5	−0.5	19	18.5	−0.5	0.27	0.01
2012年5月12日	2012年5月18日	20.5	20	−0.5	18.5	18	−0.5	−0.6	−1.16
2015年2月4日	2015年2月5日	20	19.5	−0.5	18	17.5	−0.5	−1.18	−0.46
2015年4月19日	2015年4月20日	19.5	18.5	−1	17.5	16.5	−1	−1.64	−1.96
2015年8月25日	2015年9月6日	18.5	18	−0.5	16.5	16	−0.5	−1.27	−2.92
2015年10月23日	2015年10月24日	18	17.5	−0.5	16	15.5	−0.5	0.5	0.73
2016年2月29日	2016年3月1日	17.5	17	−0.5	15.5	15	−0.5	1.68	2.47
2018年4月17日	2018年4月25日	17	16	−1	15	14	−1	0.8	0.92
2018年6月24日	2018年7月5日	16	15.5	−0.5	14	13.5	−0.5	−1.05	−0.9
2018年10月7日	2018年10月15日	15.5	14.5	−1	13.5	12.5	−1	−3.72	−4.05
2019年1月4日	2019年1月15日	14.5	14	−0.5	12.5	12	−0.5	0.72	1.58
2019年1月4日	2019年1月25日	14	13.5	−0.5	12	11.5	−0.5	0.72	1.58
2019年9月6日	2019年9月16日	13.5	13	−0.5	11.5	11	−0.5	0.84	1.82
2020年1月1日	2020年1月6日	13	12.5	−0.5	11	10.5	−0.5	1.15	1.99
2021年7月9日	2021年7月15日	12.5	12	−0.5	10.5	10	−0.5	0.67	2.14
2021年12月6日	2021年12月15日	12	11.5	−0.5	10	9.5	−0.5	0.16	−0.38
2022年4月15日	2022年4月25日	11.5	11.25	−0.25	9.5	9.25	−0.25	−0.49	0.37

2. 中央银行存款准备金率变动趋势（2007年至2022年4月）（见图6-8）

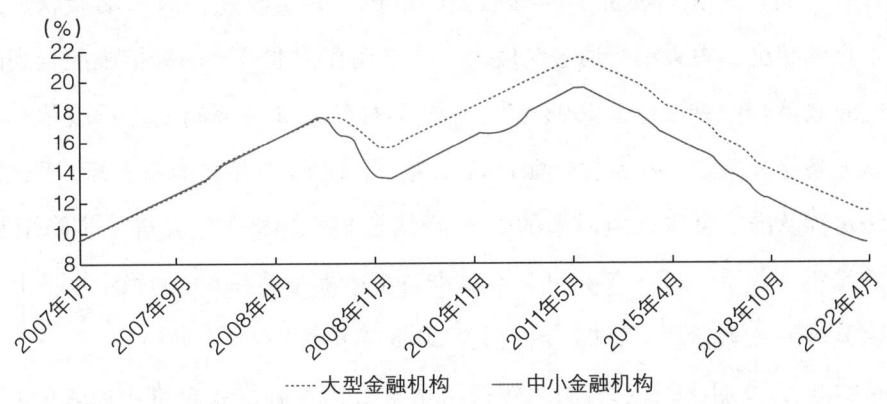

图6-8 2007—2022年大型金融机构与中小金融机构存款准备金率对比

3. 存款准备金率调整情况

（1）建立初期阶段（1984—1985年）。

存款准备金制度，随着中国人民银行从1984年独立行使中央银行职能开始建立。在存款准备金制度实行初期，存款准备金制度作为中央银行重要的筹资工具，主要目的在于为国家的大型基础设施建设提供资金，而不是对市场经济进行调控。1984年，存款准备金率分为三档：企业存款为20%、城镇储蓄存款为40%、农村存款为25%。而且，当时商业银行准备金还分为两个账户：法定存款准备金存款账户和备付金账户。但是因为过高的存款准备金率严重限制了经济发展，中央银行于1985年将法定存款准备金率统一调整为10%，以减少过高的存款准备金率带来的不利影响。

（2）上调后保持平稳阶段（1985年至1998年3月）。

1984年，《中共中央关于经济体制改革的决定》首次明确提出，社会主义经济是在公有制基础上的有计划的商品经济。改革开放后，价格放开，物价持续上涨，到了1988年7月，物价上升幅度已达19.3%，创了历史最高纪录，通货膨胀十分严重。为了抑制通货膨胀，国家实施了紧缩的货币政策。对此，从1987年至1988年9月，中央银行将存款准备金率从10%上调至13%，同时各商业银行还需要再缴存5%的备付金，一直保持到1998年。从1993年开始，中央银行对存款准备金政策进行改革，使之逐渐向货币政策工具方向转变。

(3) 下调阶段（1998年3月至2003年9月）。

1997年夏季，亚洲爆发了罕见的金融危机。为了改变当时市场疲软、有效需求不足的状况，中央银行通过制度改革、下调存款准备金率等措施配合当时积极的财政政策。中央银行于1998年3月再次对存款准备金制度进行改革，将法定存款准备金存款账户和备付金账户合二为一，统称"存款准备金账户"；同时调整法定存款准备金率，由原来的13%降低至8%，1999年又进一步降至6%，之后的5年（1998—2003年）间，存款准备金率都维持在6%的稳定水平上。

(4) 平稳上升阶段（2003年9月至2008年9月）。

从2003年9月21日起，中央银行将金融机构存款准备金率由原来的6%调高至7%，但城市信用社和农村信用社暂时执行6%的存款准备金率不变。2004年3月24日，经国务院批准，中央银行宣布自4月25日起，实行差别存款准备金率制度，将资本充足率低于一定水平的金融机构存款准备金率提高0.5个百分点；2004年4月25日再次提高法定存款准备金率0.5个百分点，即由7%提高到7.5%。但同时为了支持农业发展，促进农村信用社改革，农村信用社和城市信用仍执行6%的存款准备金率；而38家银行实行8%的差别准备金率。此次改革使存款准备金制度有了监管的功能，因此之后的存款准备金率调整由过去的低频率大幅度调整变为高频率小幅度调整。中央银行为了降低市场流动性以对抗通货膨胀，从2007年1月起连续提高存款准备金率，仅2007年就10次提高存款准备金率，货币政策由稳健转向从紧。然而，2008年的物价依然保持上涨趋势，因此，中央银行逐渐加大货币政策调整力度，存款准备金率一度上涨到17.5%。

(5) 小幅回调阶段（2008年9月至2009年12月）。

2008年，受到国际金融危机的影响，中国的经济也产生了衰退现象。大量中小企业由于没有短期资金补充，许多生产加工企业倒闭，失业率很高。股市、楼市低迷，居民财产性收入普遍缩水，就业压力增大。受国际金融危机的影响，中央银行于2008年下半年开始调整存款准备金率，采取了较为宽松的货币政策。从2008年9月到12月，中央银行连续4次下调存款准备金率，使存款准备金率从17.5%下调到了15.5%的水平，并一直保持到2009年底。中央银行下调金融机构存款准备金率表明了中央银行进一步放宽货币及投资增速的政策导向，对经济的复苏和发展产生了有利影响。

另外，从2006年开始，大型金融机构与中小金融机构的存款准备金率有了1%~2%的差别，体现了国家对于中小金融机构的扶持和对金融市场多元化发展的支持。

（6）不断上调阶段（2010年1月至2011年11月）。

2010年，全球经济危机的影响刚刚有所缓解，而政府在经济危机时投入的4万亿元救市资金，虽然有效地阻止了经济危机的影响，但极大地增加了货币供给量，对后期经济发展产生了很大的副作用，货币供给远远超过经济体的实际货币需求，造成全面的通货膨胀。为此，中央银行开始转变政策调整方向，从2010年1月到2011年6月连续上调存款准备金率达12次，最高达到21.5%，货币政策转为紧缩。

（7）不断下调阶段（2011年12月至今）。

受2010年至2011年上半年紧缩货币政策的影响，一些经济问题凸显：一方面通货膨胀的压力仍然较大；另一方面经济实体中货币供应量出现了问题，GDP增长速度出现连续下降。在此背景下，我国从2011年12月5日起开始不断下调存款准备金率，以大型金融机构为例：存款准备金率从2011年的21.5%不断下调到2022年的11.25%。这说明货币政策由紧缩转变为适度宽松，以保持国内经济增长的稳定。

2011年12月5日，存款准备金率从21.5%下调到21%。

2012年，连续2次下调存款准备金率，从21%下调到20%。

2014年4月22日，中央银行宣布从2014年4月25日起下调县域农村商业银行人民币存款准备金率2个百分点，下调县域农村合作银行人民币存款准备金率0.5个百分点。调整后，县域农村商业银行、农村合作银行分别执行16%和14%的准备金率，其中一定比例存款投放当地考核达标的县域农村商业银行、农村合作银行分别执行15%和13%的准备金率。

2015年2月4日，中央银行宣布自2015年2月5日起下调金融机构人民币存款准备金率0.5个百分点。2015年连续4次下调存款准备金率，使其从20%下调到17.5%。

2016—2022年，连续多次下调存款准备金率，从17.5%下调到2022年4月的11.25%。

（二）存款准备金政策变动的影响

1. 对经济增长的影响

存款准备金率的变动对经济增长的影响比较有效。

（1）有效阻止金融危机的影响。当处于金融危机时，中央银行下调存款准备金率，对于阻止经济下行产生了积极的作用。其间，主要有：1997年的亚洲金融危机，中央银行从1998年开始几次下调存款准备金率，从13%下调到6%并持续到2003年；2008年国际金融危机，中央银行从2008年到2009年几次下调存款准备金率，从17.5%下调到15.5%；由于金融危机的影响，经济出现下行，中央银行从2011年12月开始至今，多次下调存款准备金率，从21.5%下调到现在的11.25%，有效阻止了金融危机对经济下行的影响。

（2）有效抑制通货膨胀。当经济处于通货膨胀阶段时，中央银行上调存款准备金率，对通货膨胀产生了有效的抑制作用。其间，主要有：1988—1989年，严重的通货膨胀，中央银行上调存款准备金率，从10%上调到13%；2003—2008年的通货膨胀，中央银行多次上调存款准备金率，从6%上调到17.5%；2010年至2011年底的通货膨胀，中央银行几次上调存款准备金率，从15.5%上调到21.5%，有效抑制了通货膨胀。

2. 对资本市场的影响

中央银行调整存款准备金率，会对资本市场产生一定的影响，理论上讲应该是：上调存款准备金率，意味着中央银行实施紧缩的货币政策，股市有向下的可能；下调存款准备金率，意味着中央银行实施宽松的货币政策，股市有向上的可能。但实际上的影响往往与理论上的推论不完全一致，这种现象从表2-10、表2-11中的数据可以看出。究其原因：一是存款准备金率的政策调整对股市的影响主要是间接性的，从准备金率的调整到企业产生经济效果，不仅有不确定性因素的影响，而且存在时滞问题。二是比较有直接性的影响是政策的预期。比如，下调准备金率释放的是宽松货币政策的政策效应，而上调准备金率释放的是紧缩货币政策的政策效应。三是股市行情所处的阶段不同，政策调整的影响不同。比如，影响较大的是 2008 年 6 月 15 日和 25 日两次上调存款准备金率，公布当日上证指数下跌均超过 7%，而此时的行情正处于向下调整行情的相对高位，紧缩政策的政策预期加剧了投资者的恐慌心理。如果是正常行情，政策调整的影响就不会太大。

课堂总结

1. 了解存款准备金政策的含义。
2. 了解存款准备金政策的传导机制。
3. 了解存款准备金政策的影响。

第 27 课　再贷款再贴现政策工具及其影响

一、再贷款再贴现政策及其特点

根据《中国人民银行对金融机构贷款管理暂行办法》第八条规定，人民银行对金融机构贷款根据贷款方式的不同，划分为信用贷款和再贴现两种（见图 6-9）。

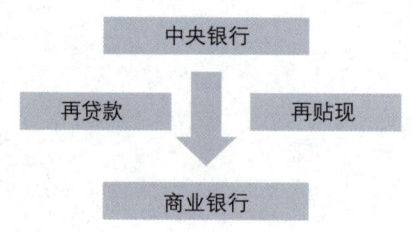

图 6-9　人民银行对金融机构贷款分类

（一）再贷款

再贷款，是指中央银行向商业银行的贷款。在中国，再贷款是指中央银行向商业银行提供的信用贷款。信用贷款，是指人民银行根据金融机构资金头寸情况，以其信用为保证发放的贷款。它充分体现了中央银行作为"最后贷款人"的职能作用。

《中华人民共和国中国人民银行法》规定，中国人民银行为执行货币政策，可以运用"向商业银行提供贷款"的货币政策工具。同时规定，中国人民银行不得向地方政府、各级政府部门提供贷款，不得向非银行金融机构以及其他单位和个人提供贷款。

（二）再贴现

再贴现，是指人民银行通过买进在人民银行开立账户的银行业金融机构持有的已贴现但尚未到期的商业票据，向在中国人民银行开立账户的银行业金融机构提供融资支持的行为。《中华人民共和国中国人民银行法》规定，中国人民银行为执行货币政策，可以运用"为在中国人民银行开立账户的银行业金融机构办理再贴现"的货币政策。

（三）再贷款与再贴现的比较

1. 相同点

（1）再贷款和再贴现都是由中央银行为银行业金融机构提供融资支持的行为。再贴现是再贷款的一种，期限上都属于短期融资，再贴现的期限相对较短，而再贷款的期限最长不超过一年，同样属于短期贷款。

（2）再贷款和再贴现都是人民银行调控基础货币的重要渠道和进行金融调控的货币政策工具，同时也是人民银行对经济运行实施宏观调控的重要手段。

2. 不同点

（1）两者的性质不同。再贷款是一种带有较强计划性的数量型货币政策工具，具有较强的行政性特点；是中央银行主动向金融机构分配资金头寸，属于货币政策。再贴现是中央银行向商业银行提供融资支持的行为，是商业银行向中央银行的一种融资途径；主体是以商业银行为主的金融机构，拿着票据向中央银行申请再贴现融资。

（2）两者的作用不同。再贷款是中央银行通过调整再贷款利率和额度，直接影响商业银行从中央银行取得信贷资金的成本和可使用额度，使货币供应量和市场利率发生变化。再贴现作为西方中央银行传统的三大货币政策工具（公开市场业务、再贴现、存款准备金）之一，受到商业银行融资需求和贴现票据的影响。所以，这里主要讲再贷款。

二、再贷款政策的作用机制

（一）再贷款政策的内容

（1）调整再贷款额度。

（2）调整再贷款利率。

（3）定向再贷款，也叫"定向再贷款工具"，主要是为了支持某个行业或领域等的发展而采取的定向贷款支持政策。举例如下。

①2015年1月16日，中国人民银行宣布，增加500亿元人民币再贷款额度，以支持金融机构继续扩大"三农"和小微企业信贷投放，引导降低社会融资成本。这是中央银行2015年出台的首个定向调控措施。

②2022年定向贷款政策。

2022年4月，中国人民银行设立科技创新再贷款，旨在引导金融机构加大对科技创新的支持力度，撬动社会资金促进科技创新。该工具支持企业的范围包括"高新技术企业"、"专精特新中小企业"、国家技术创新示范企业、制造业单项冠军企业等科技企业，总额度为2000亿元。

2022年4月，中国人民银行设立普惠养老专项再贷款。中央银行将通过该工具引导金融机构向普惠型养老机构提供优惠贷款，降低养老机构融资成本，面向普通人群增加普惠养老服务供给。中国人民银行、国家发展改革委决定在浙江、江苏、河南、河北、江西等五个省份开展试点，额度为400亿元。

2022年9月，中国人民银行设立设备更新改造专项再贷款，专项支持金融机构以不高于3.2%的利率向制造业、社会服务领域和中小微企业、个体工商户等设备更新改造提供贷款。

2022年，定向贷款调控，增加1000亿元额度，专门支持煤炭开发使用和增强储能，从而加大对重点领域和薄弱环节的支持力度；再推出1000亿元再贷款支持物流仓储等企业融资，加强对货运经营者帮扶，为统筹疫情防控和经济社会发展提供更有力的金融支持。

（二）再贷款政策的传递机制

中央银行再贷款传递机制见图6-10。

注意：中央银行定向贷款，主要是针对某个行业或者领域，通过定向贷款予以支持，直接体现中央银行金融政策支持的政策意向。

（三）再贷款政策的变化

再贷款，即中央银行作为"最后贷款人"向商业银行提供贷款。中央银行

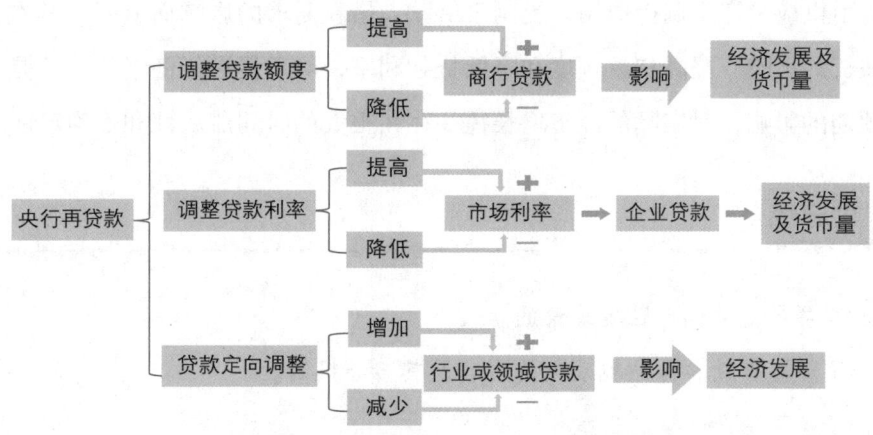

图 6-10　中央银行再贷款传递机制

通过控制对商业银行的贷款额，达到控制和调节货币供应量与信贷规模的目的。改革以来，中央银行的再贷款是与信贷规模管理配套使用的一项重要货币政策工具。在中国建立社会主义市场经济体制过程中，中国的货币供应调控手段要由直接调控向间接调控转变，货币政策工具也面临着重大的更新，再贷款政策的作用会逐渐弱化。

1997 年底，中国人民银行颁布了《关于改进国有商业银行贷款规模管理的通知》，决定从 1998 年 1 月 1 日起，取消国有商业银行贷款限额的控制。

2004 年，中国人民银行发布《关于实行再贷款浮息制度的通知》，决定从 2004 年 3 月 25 日起实行再贷款浮息制度。再贷款浮息制度，是指中国人民银行在国务院授权的范围内，根据宏观经济金融形势，在再贷款（再贴现）基准利率基础上，适时确定并公布中央银行对金融机构贷款利率加点幅度的制度。

（四）再贷款政策的影响

1. 再贷款政策对经济增长的影响

通常，中央银行提高再贷款额度，降低再贷款利率，实施宽松的货币政策，将增加企业贷款，促进经济增长；相反，则会产生紧缩性货币政策效果。

2. 再贷款政策效果的限制

再贷款政策会产生一定的政策影响，但是这种影响效果往往受到一定的限制。首先是对货币供给量影响的限制。再贷款政策要通过银行体系的存款派生机制对货币供应量产生调控作用，受制于借款人借款需求的影响而受限。其次是对经济增长的影响。提高贷款额度和降低贷款利率，对于促进经济增长往往是一种政策预期的影响，对实际的经济增长往往存在很大的时间滞后性和不确定性。

> **课堂总结**
>
> 1. 了解再贷款和再贴现政策的含义。
> 2. 了解再贷款和再贴现政策的内容及其传导机制。
> 3. 了解再贷款政策的影响。

第 28 课　公开市场业务及其影响

一、公开市场业务的概念

（一）公开市场业务

公开市场业务，又叫"公开市场操作"，是中央银行根据不同时期货币政策的需要，在货币市场上公开买卖政府债券（如国库券、公债等）以控制货币供应量及利率的活动，是货币政策三大工具之一。公开市场业务，通常是中央银行根据经济形势的发展，在其认为需要收缩银根时，卖出证券，相应地收回一部分基础货币，减少金融机构可用资金的数量；相反，在其认为需要放松银根时，买入证券，扩大基础货币供应，直接增加金融机构可用资金的数量，从而调控货币供给量，具有主动性和灵活性的特征。

（二）一级交易商制度

公开市场业务实行一级交易商制度。一级交易商，是指具备一定资格、可以直接向国库券发行部门承销和投标国库券的交易商团体，一般包括资金实力雄厚、管理规范、资产质量较好、资信较高、能承担大额债券交易的商业银行和证券公司。

中国人民银行从 1998 年开始建立公开市场业务一级交易商制度，选择了一批能够承担大额债券交易的商业银行作为公开市场业务的一级交易商。这些一级交易商可以运用国债、政策性金融债券等作为交易工具与中国人民银行开展公开市场业务。截止到 2019 年，纳入公开市场业务的一级交易商已经达到 49 家；到

2022年，公开市场业务一级交易商仍然维持在49家。比如，2022年的一级交易商。

公开市场业务公告〔2022〕第1号：根据公开市场业务一级交易商考评调整机制（公开市场业务公告〔2004〕第2号、〔2018〕第2号），中国人民银行对2021年度公开市场业务一级交易商及申请加入一级交易商的机构进行了综合评估，根据评估结果，确定了2022年度公开市场业务一级交易商，包括工商银行、农业银行等银行和中信证券等券商在内的49家金融机构。

公开市场业务的规模逐步扩大，已成为人民银行货币政策的主要工具之一，对于调节银行体系流动性水平、引导货币市场利率走势、促进货币供应量合理增长发挥了积极的作用。

二、公开市场业务的特点

公开市场业务在三大货币政策工具中是唯一能够直接使银行储备发生变化的主动性工具，具有主动性和灵活性的特征。但其也有局限性，即中央银行只能在储备变化的方向上而不能在数量上准确地实现自己的目标。并且，通过公开市场业务影响银行储备需要时间，它不能立即生效，而是要通过银行体系共同的一系列买卖活动才能实现。公开市场业务发挥作用的先决条件是证券市场必须高度发达，并具有相当的深度、广度和弹性等特征。

三、公开市场业务的作用

（1）为政府债券买卖提供一个有组织的方便场所。

（2）调节商业银行的准备金，影响其信用扩张的能力和信用紧缩的规模。

（3）通过影响准备金的数量控制利率。

（4）通过影响利率控制汇率和国际黄金流动。

公开市场业务的操作主要是通过购入或出售证券，放松或收缩银根，使银行储备直接增加或减少，以实现相应的经济目标。

四、公开市场业务的交易工具

中国人民银行开展公开市场业务，主要是在货币市场上公开买卖政府债券（国库券和公债券等）以及发行中央银行票据。目前的交易工具主要有政府债券、中央银行票据、政策性金融债券。

(一) 政府债券

公开市场业务，最主要的交易对象是政府债券，包括国库券和公债券等。通常，国库券为短期国债，而公债券为中长期国债。

(二) 中央银行票据

中央银行票据是中央银行为调节商业银行超额准备金而向商业银行发行的短期债务凭证，其实质是中央银行债券。之所以叫"中央银行票据"，是为了突出其短期性特点。已发行的中央银行票据，期限最短的为3个月，最长的也只有3年。中央银行票据的实质是中央银行债券，但又不同于债券，二者的区别是：债券发行是为了筹资，而中央银行票据发行是为了吸收商业银行的流动性，减少商业银行可贷资金，是中央银行调节基础货币的一项货币政策工具。中国人民银行从1999年开始将其作为货币政策日常操作的重要工具。到了2002年以后，中央银行票据成为中国人民银行公开市场操作的主要工具之一。

(三) 政策性金融债券

中央银行开展公开市场业务，不断拓展交易工具，除了政府债券和中央银行票据外，政策性金融机构发行的政策性金融债券也成为公开市场业务的操作工具。

五、公开市场业务的交易方式

(一) 债券交易方式

中国人民银行公开市场业务债券交易有现券交易、回购。公开市场业务操作原则上每周进行一次，同时根据商业银行的大额资金要求和实际情况，进行专场交易。交易期限品种目前有7天、14天、28天、91天、182天和365天六个，在操作中，根据商业银行流动性变化相机选择，实际操作以7天、14天的居多。

(1) 现券交易。现券交易是债券流通市场上最基本的交易方式，是指债券买卖双方在成交后立即办理交割手续，买入者付出资金并得到证券，卖出者交付证券并得到资金。在证券交易所，普通投资者只要持有上交所、深交所的证券账户就可以参与债券现货交易。

现券交易分为现券买断和现券卖断两种，前者为中央银行直接从二级市场买入债券，一次性地投放基础货币；后者为中央银行直接卖出持有债券，一次性地回笼基础货币。

近年来，中央银行积极开展回购交易的同时加大了现券操作力度。1999年9月以后，中国人民银行公开市场业务加大了对市场化发行的国债和政策性金融债券的现券买入力度。2000年，中国人民银行累计向商业银行融出资金1032亿元，其中，债券回购721亿元，买入现券311亿元，有效地扩大了基础货币供应，增加了中国人民银行的债券资产，改善了债券资产结构。

（2）回购交易。债券回购交易，是指债券买卖双方在成交的同时，约定于未来某一时间以某一价格双方再进行反向交易的行为。回购交易是质押贷款的一种方式，通常用在政府债券上。回购交易是一种超短期的金融工具，长的有几个月，但通常情况下只有24小时。回购交易分为正回购和逆回购两种。

正回购，是用债券抵押获得资金，之后按照约定的时间和价格再将债券赎回。对中央银行来说，正回购是中国人民银行向一级交易商卖出有价证券，并约定在未来特定日期买回有价证券的交易行为。正回购为中央银行从市场收回流动性的操作，正回购到期则为中央银行向市场投放流动性的操作。

逆回购，是用资金向交易商购买债券，之后按照约定的时间和价格再将债券卖给交易商。对中央银行来说，逆回购是中国人民银行向一级交易商购买有价证券，并约定在未来特定日期将有价证券卖给一级交易商的交易行为。逆回购是中央银行向市场上投放流动性的操作，逆回购到期则为中央银行从市场收回流动性的操作。逆回购可以帮助银行增加贷款额度、调节银行利率且有利于股市债市的发展。

正回购和逆回购关系：正回购和逆回购是一个问题的两个方面，A向B进行正回购，抵押债券，到期赎回，其实，这个时候B也在向A进行逆回购，用资金购买债券，到约定时间再卖给A。

（二）中央银行票据交易方式

1. 中央银行票据的发行

中央银行票据发行对象。中央银行票据由中国人民银行在银行间市场通过中国人民银行债券发行系统发行，其发行的对象是公开市场业务一级交易商。目前，公开市场业务一级交易商多达几十家，除了少数证券公司外，其余均为商业银行。其他投资者（包括个人投资者）只能在二级市场投资。

中央银行票据发行方式。中央银行票据采用价格招标的方式贴现发行。一般而言，中央银行会根据市场状况，采用利率招标或价格招标的方式，交错发行3月期、6月期、1年期和3年期票据，其中，以1年期以内的短期品种为主。招标方式分为竞争性招标和非竞争性招标方式配售。在公开市场业务一级交易商中，大部分采用竞争性招标方式发行，主要是向工商银行、农业银行、中国银行、建设银行等9家双边报价商通过非竞争性招标方式配售。

2. 中央银行票据的流通

和在银行间债券市场上发行的其他债券品种一样，中央银行票据发行后也可以在银行间债券市场上市流通，银行间市场投资者均可像投资其他债券品种一样参与中央银行票据的交易。中央银行票据的交易方式为现券交易和回购，同时作为人民银行公开市场业务回购操作工具。回购交易分为正回购和逆回购两种。正回购为中央银行从市场收回流动性的操作，逆回购为中央银行向市场上投放流动性的操作。

六、公开市场业务政策的影响

（一）对经济增长的影响

公开市场业务，是通过证券买卖（主要是债券）调控市场货币供应量，实施宽松或者紧缩的货币政策，从而影响经济增长。更重要的是，公开市场业务通过买卖证券传递政策信号。

（二）对资本市场的影响

中央银行开展公开市场业务操作，直接影响到货币供应量，理论上讲会直接影响到资本市场，但这种影响更多的是政策信号效应。在证券投资中，需要关注中央银行公开市场业务的操作所传递的政策信号。

课堂总结

1. 了解公开市场业务的内容及其作用。
2. 了解公开市场业务的影响。

注意：将中央银行票据与公开市场业务一并考虑，分析对经济和金融市场产生的影响。

第29课　选择性政策工具的运用及其影响

一、选择性政策工具的含义及其特点

（一）选择性货币政策工具的含义

选择性货币政策工具，是指中央银行针对某些特殊的经济领域或特殊用途的信贷而采用的信用调节工具。

（二）选择性货币政策工具的特点

与一般性货币政策工具相比，选择性货币政策工具主要有以下特点。

（1）总量和结构调整的差别。一般性政策工具主要是针对社会信用总量和货币供给总量进行调控，而选择性货币政策工具则偏重调整资金结构和经济结构。这两类货币政策工具的配合使用，可以同时兼顾总量调节和结构调整。

（2）全局与局部调整的差别。与一般性货币政策工具不同，选择性货币政策工具对货币流通与国民经济运行的影响不是全局性的，而是局部性的，但是可以作用于货币政策的总体目标。选择性货币政策工具，是指中央银行针对个别部门、个别企业或某些特定用途的信贷所采用的货币政策工具。比如有证券市场信用控制、不动产信用控制和消费者信用控制。

二、选择性政策工具的内容

选择性政策工具分类见图6-11。

1. 消费者信用控制

消费者信用控制，是指中央银行对不动产以外的各种耐用消费品的销售融资

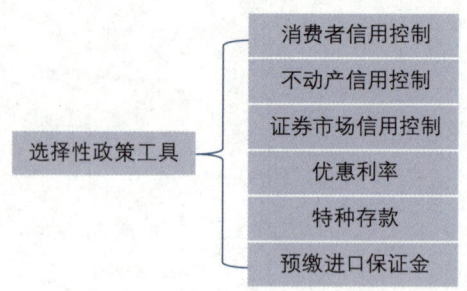

图 6-11 选择性政策工具分类

予以控制的政策措施。其主要内容包括:

第一,规定用分期付款等消费信贷购买各种耐用消费品时第一次付款的最低金额;

第二,规定借款的最长期限;

第三,规定购买耐用消费品的种类等。

2. 不动产信用控制

不动产信用控制,是指中央银行对商业银行等金融机构在房地产方面贷款的限制措施,目的是抑制房地产投机。其主要内容包括:

第一,对银行的不动产贷款规定贷款的最高限额;

第二,对银行的不动产贷款规定贷款到期的最长期限;

第三,规定购买不动产第一次付款的最低金额或首付比例;

第四,规定分期还款的最低金额。

3. 证券市场信用控制

证券市场信用控制,是指中央银行对有关证券交易的各种贷款进行限制,目的在于抑制过度的投机。如规定一定比例的保证金率,并随时根据证券市场的状况进行调整。在信用交易中,可以通过调整保证金比率对投机规模和市场风险进行控制。在西方国家,商业银行等金融机构可以办理各种有价证券交易的贷款和以有价证券为抵押的贷款。我国实行证券业和银行业分业经营的管理体制,严格限制信贷资金流入股市。

4. 优惠利率

优惠利率,是指中央银行对国家拟重点发展的某些部门、行业规定较低贷款利率，目的在于刺激这些部门及行业的生产，调动它们的积极性，以实现产业结构和产品结构的调整与优化。优惠利率不仅在发展中国家多有采用，发达国家也普遍采用。

5. 特种存款

特种存款是中央银行在货币政策发挥作用有限的情况下，根据银根松紧及宏观调控的需要，采用特种存款方式，集中一部分金融机构一定数量资金形成的存款，是中央银行调整信贷资金结构和信贷资金规模的重要工具。驻华外交代表机关、领事机关及其人员人民币存款，外汇券存款，部队人民币存款，农村信用社在中国人民银行的存款，都称特种存款。

6. 预缴进口保证金

预缴进口保证金即中央银行要求进口商预缴相当于进口商品总值一定比例的保证金，以抑制进口的过快增长，多为国际收支出现赤字的国家所采用。

三、选择性政策工具的作用和影响

（一）结构性和局部性调控

根据选择性政策工具的特点，其作用主要集中在结构性和局部性等方面的调控上。比如，通过使用优惠利率，可以实现产业结构和产品结构的调整与优化，从而实现国家产业结构的调整；通过不动产信用控制可以有效地调控房地产业的发展等。

（二）政策意向的传递效应

根据中央银行选择性政策工具的运用，体现出中央银行，尤其是在产业发展方面的政策意向，进而影响经济发展和资本市场的投资。

课堂总结

1. 了解选择性政策工具的特点。
2. 了解选择性政策工具的内容。
3. 了解选择性政策工具的功能及其影响。

注意：尤其要注意选择性政策工具的政策意向，及其对产业结构调整的影响。

第 30 课 补充性政策工具的运用及其影响

一、补充性政策工具及其特点

货币政策工具较多，除了前述的一般性政策工具和选择性政策工具外，中央银行有时还运用一些补充性政策工具，对信用进行直接和间接的调控。补充性政策工具的特点就在于其补充性，是常规性货币政策工具的必要补充。通常，一般性政策工具是常规性的工具，是经常被采用的政策工具，比如，存款准备金率、再贴现再贷款、公开市场业务、利率政策等；选择性政策工具是当某些方面或者某些行业的发展需要政策调控时才被选用；补充性政策工具，往往是当一般性和选择性政策工具的作用效果欠佳时被采用，以增强政策的调控效果。所以，补充性政策工具往往是很有效的。因此，补充性和有效性是其主要特征。

二、补充性政策工具的内容

补充性政策工具分类见图 6-12。

（一）直接信用控制

直接信用控制工具，是指中央银行依法对商业银行创造信用的业务进行直接干预而采取的各种措施，主要有信用分配、流动性比率、利率限制、特种贷款、直接干预等。其中，按照《中华人民共和国中国人民银行法》第三十二条规定，中国人民银行特种贷款，是指国务院决定的由中国人民银行向金融机构发放的用于特定目的的贷款。

在过去较长时期内，中国货币政策以直接调控为主，即采取信贷规模、信贷

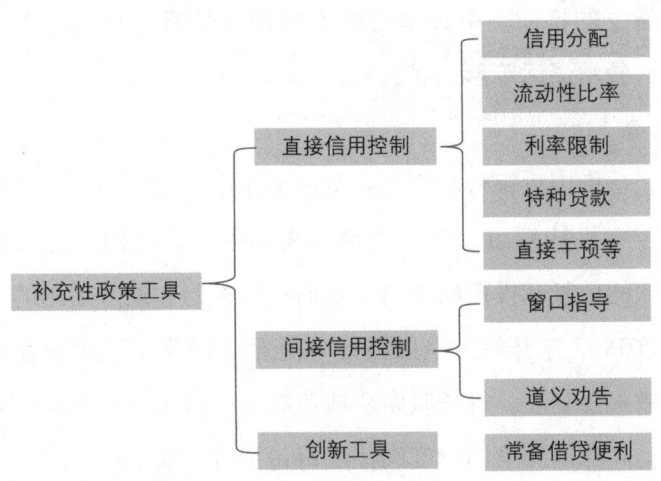

图 6-12 补充性政策工具分类

计划和现金计划等工具。1998 年以后,中国取消了贷款规模控制,主要采取间接货币政策工具来调控货币供应总量。

(二)间接信用控制

间接信用控制工具,是指中央银行凭借其在金融体制中的特殊地位,通过与金融机构之间的磋商、宣传等,指导其信用活动,以控制信用,主要有窗口指导、道义劝告等方式。

1. 窗口指导

窗口指导,是指中央银行根据产业发展情况、物价变动趋势和金融市场动向,规定商业银行的贷款重点投向和贷款变动数量,并要求其执行,以保证优先发展部门的资金需要。虽然窗口指导没有法律约束力,但是其作用有时候很大。后来,经过长时间的实践,为了保证货币政策的顺利实施,这种信用控制手段逐渐转化为强制性的手段。窗口指导产生于 20 世纪 50 年代的日本。第二次世界大战后,窗口指导曾一度成为日本银行货币政策的主要工具。

以限制贷款增加额为特征的窗口指导,作为一种货币政策工具,虽不是法律规定,而是劝告性指导,但由于这种指导来自享有很高信誉和权威的中央银行,实际上带有很大程度的强制性。如果民间金融机构不听从指导,尽管不需要承担法律责任,但最终要承受由此带来的其他方面的制裁和惩罚。

近年来,我国频繁使用类似的窗口指导,并侧重与其他宏观调控政策相配合，具有行政指令的特征。中央银行的窗口指导是通过月度经济金融形势分析会、个别通知、警示谈话等形式实施的。

2. 道义劝告

道义劝告，是指中央银行利用其在金融体系中的特殊地位和威望，通过对商业银行及其他金融机构发出通告、指示，或与各金融机构负责人举行面谈的方式，影响其放款的数量和投资的方向，从而达到控制和调节信用的目的。

在我国，自1987年开始，中央银行与商业银行建立了比较稳定的行长联席会、业务部门碰头会制度。行长联席会或业务部门碰头会平时根据需要不定期举行，在经济活动高峰期的第四季度则往往每旬举行一次。

在上述会议上，商业银行报告当期的信贷业务进展情况，中央银行则向商业银行说明其对经济金融形势的看法，通报货币政策意向，提出改进信贷业务管理和调整信贷投向的建议。虽然行长联席会或业务部门碰头会采取温和的道义劝告方式，指导性政策建议不具有法律约束力，但商业银行通常都能接受这些建议或劝告，成为中央银行与商业银行及时互通情况、贯彻货币政策的有效途径。

（三）创新工具

2013年11月6日，中国人民银行网站新增"常备借贷便利"（SLF）栏目，标志着这一新的货币政策工具正式使用。常备借贷便利在各国名称各异，如美联储的"贴现窗口"、欧中央银行的"边际贷款便利"等。

所谓常备借贷便利，就是商业银行或金融机构根据自身的流动性需求，通过资产抵押的方式向中央银行申请授信额度的一种更加直接的融资方式。由于常备借贷便利提供的是中央银行与商业银行"一对一"的模式，这种货币操作方式更像是定制化融资和结构化融资。

常备借贷便利的主要特点：一是由金融机构主动发起，金融机构可根据自身流动性需求申请常备借贷便利；二是常备借贷便利是中央银行与金融机构"一对一"交易，针对性强；三是常备借贷便利的交易对手覆盖面广，通常覆盖存款金融机构。

三、补充性政策工具的作用和影响

补充性政策工具的作用不断增强，对于提高货币政策的有效性起着重要的补充作用。无论是直接信用控制工具还是间接信用控制工具的运用，政策实施的有效性都是其主要特征，有助于提高货币政策的有效性。但这些工具的作用仍然只是常规性工具的有效补充。

2013 年开始实施的创新型工具，即常备借贷便利工具，对于提高货币调控效果、有效防范银行体系流动性风险、增强对货币市场利率的调控效力等方面起着重要作用。这是由该工具自身特点决定的。

> **课堂总结**
>
> 1. 了解补充性政策工具的含义及特点。
> 2. 了解补充性政策工具的内容。
> 3. 了解补充性政策工具的作用及其影响。
>
> 注意：由于补充性政策工具的作用特点，在分析货币政策对经济及其资本市场的影响方面，要高度重视这些补充性政策工具的运用。

第 31 课 中国货币政策的演变及其影响

一、中央银行制度的形成

1984 年之前，我国中央银行和商业银行的职能没有分开，没有真正意义上的中央银行制度。1984 年以后，中国人民银行专门行使中央银行职能，并建立了二级银行体制，我国才有了真正意义上的中央银行制度，也才有了真正意义上的货币政策及其实施宏观经济调控。中国货币政策的演变历程，始于 20 世纪 70 年代末 80 年代初的体制改革。1978 年，党的十一届三中全会做出改革开放的重大战略部署，我国开始由计划经济体制转向市场经济体制。

1983 年 9 月，国务院发布《关于中国人民银行专门行使中央银行职能的决定》，中国人民银行专门行使中央银行职能，更好地为宏观经济决策服务，中央银行职能与具体金融业务分离，从 1984 年开始正式采取货币政策，并开始探索建立现代意义上的货币政策调控管理框架。

1992 年，党的十四大确立了建立社会主义市场经济体制的改革目标。以此为标志，我国进入了建立和完善社会主义市场经济体制的新阶段。与之相适应，我国的货币政策也出现了一些新变化。

在货币政策目标方面，1993 年，《国务院关于金融体制改革的决定》首次正式确立了货币政策的最终目标是，保持货币的稳定，并以此促进经济增长；货币政策的中介目标是，货币供应量、信用总量、同业拆借利率和银行备付金率。在货币政策工具方面，我国开始注重采用间接工具和国际通行的政策工具进行宏观调控。1994 年 10 月，我国开始办理再贴现业务；1996 年 4 月，我国开始进行国债公开市场操作等。

1995年,《中华人民共和国中国人民银行法》颁布,沿用了"货币政策目标是保持货币币值的稳定,并以此促进经济增长"的表述。我国基本形成了中国人民银行在国务院领导下独立执行货币政策的中央银行体制。

二、中国货币政策的演变历程

(一) 1984—1986年以反通胀为主要目标的行政式调控

1. 政策背景

在1982年党的十二大提出"翻两番"战略目标激励下,我国经济呈现出高速增长的趋势,经济增长率从1982年的9.0%一路上升到1984年的15.2%。由于过度追求经济增长,我国经济在1984—1986年出现了过热的现象。为了满足高速经济增长带来的投资和消费需求,政府财政赤字逐年增多,银行大量投放货币,使得通货膨胀率直线上升,从1984年的2.8%上升到1986年的6.5%,通货膨胀压力增大。

2. 调控措施

中央银行为了应对严峻的宏观经济形势,开始对经济进行全面的治理和整顿,实施了以稳定物价、平衡信贷为主要目标的货币政策。主要措施有:

第一,提高利率,实行了统一的存款准备金制度;

第二,在1985年实行了严格的贷款规模限额控制;

第三,在1986年经济下滑的情况下,提出稳中求松的货币政策,同时取消了贷款限额。

(二) 1987—1991年以反通胀为主要目标的硬着陆式调控

1. 政策背景

此阶段我国宏观调控面临的最主要问题是通货膨胀,而通货膨胀又严重影响到我国经济的健康发展。本时期的主要特点是需求膨胀—财政赤字—货币供应量激增—物价上涨等方面的恶性循环。1988年,我国的通货膨胀率创新中国成立以来新高,达到了18.8%,抑制通胀是其主要目标。

2. 调控措施

为了应对严重的通货膨胀,我国推行了以紧缩为重点的货币政策来治理整顿，采取了强硬的宏观调控措施抑制总需求。具体措施为：

第一，经济扩张阶段（1987年至1988年8月）实施了"控制总量，调整结构"的货币政策，给贷款规定发放指标来控制信贷规模的增长，上调法定存款准备金率和中央银行再贷款利率，并采取了强制手段调整贷款结构等措施；

第二，经济收缩阶段（1989年9月至1990年）实施了先紧后松的货币政策，先是严格控制信贷总量的增长并提高了银行存贷款利率，后又为了恢复经济，扩大了贷款规模，下调了出口汇率和三次存贷款利率等。

（三）1992—1997年以反通胀和国际收支平衡为目标的软着陆式调控

1. 政策背景

在党的十四大精神指引下，加上之前实施宽松的货币政策，我国经济进入高速发展的轨道。1993年上半年，由于投资规模的过快扩张和金融秩序的持续混乱，经济过热现象明显，通货膨胀率在1994年又达到了24.1%的峰值；同时，在国际市场上，收支情况也出现恶化的趋势，外贸赤字创历史新高，达679.4亿美元，人民币开始大幅贬值。经济的主要特点是过热，货币政策的主要目标是抑制通货膨胀和平衡国际收支。

2. 调控措施

中央银行采取了"适度从紧"的货币政策，主要包括：

第一，实行贷款限额管理下的资产负债比例管理；

第二，通过回收再贷款进一步紧缩货币量；

第三，货币政策目标调整为"保持货币币值稳定，并以此促进经济增长"，着重监控货币供应量；

第四，1996年4月正式启动公开市场业务，回购短期国债；

第五，实行以市场供求为基础、单一的有管理的浮动汇率制度，将官方汇率和外汇市场汇率结合起来。

（四）1998—2002年以反通缩和经济增长为主要目标的货币政策

1. 政策背景

1997年下半年爆发的亚洲金融危机对我国经济的影响很大，减缓了我国出口需求的增长，人民币也面临巨大的贬值压力。1998年，我国出口开始大幅下滑，同时国内市场总需求不足情况也较为明显，经济增长和就业率同时下降，物价持续走低。加上1998年我国部分地区遭受了罕见的洪涝灾害，对经济运行造成了极大的冲击，我国经济进入通货紧缩时期。

2. 政策措施

一方面在国际市场上坚持人民币不贬值，稳定汇率，另一方面采取稳健的货币政策，扩大内需、应对通货紧缩和刺激经济增长。主要措施有：

第一，取消了对贷款规模的限额控制；

第二，连续五次大幅下调金融机构存款和贷款基准利率；

第三，先后五次降低了法定存款准备金率；

第四，扩大公开市场操作，调节货币供求，保持货币供应量适度增长；

第五，加强外汇管理，健全外汇市场。

（五）2003—2007年为保持经济平稳增长实施稳中从紧的货币政策

1. 政策背景

2003年，受非典等灾害的影响，我国经济运行放缓，但从下半年开始，我国进入新一轮经济周期的上升期，投资、出口、信贷以及外汇储备快速增长。这次上升阶段的经济推动力主要是以住房和汽车为代表的消费结构升级，但也表现出一些不稳定现象：部分行业固定资产投资过猛、粮食供求关系趋紧、货币信贷投放过多。同时，由于伊拉克战争，国际石油价格大幅上涨，石油进口成本提高，供求关系紧张的同时也造成了贸易顺差减少。

2. 政策措施

2003—2006年，中央银行采取的是稳中从紧的货币政策，宏观调控强调"渐进式"，防止经济增长由偏快转为过热和刚开始显现的物价上涨现象。主要措施有：

第一，2004年放开人民币存款利率下限和贷款利率上限；

第二，8次提高了金融机构存款和贷款的基准利率；

第三，灵活运用公开市场业务（发行中央银行票据），保持基础货币平稳增长；

第四，15次上调了存款准备金率，实行差别存款准备金率制度。

(六) 2008—2012年恢复经济并保持平稳增长的货币政策

1. 政策背景

2008年初，为了防止结构性价格上涨演变成明显的通货膨胀、经济增长由偏快转为过热，中国人民银行实行了从紧的货币政策。从9月开始，美国次贷危机蔓延加剧，加上年初的雪灾和5月的汶川地震等灾害，尤其是席卷全球的金融危机影响，经济下行压力增大。

2. 政策措施

中国人民银行结合国际和国内的经济背景，及时调整宏观调控政策，按照既要保持经济平稳发展，又要控制物价上涨的要求实行了适度宽松的货币政策，主要包括：

第一，连续4次下调了金融机构人民币存款基准利率；

第二，先后5次下调了人民币存款基准利率；

第三，连续4次下调了法定存款准备金率；

第四，取消对商业银行信贷规划的约束，引导其扩大贷款总量；

第五，暂停6月期、1年期和3年期央票发行等措施以配合4万亿元投资的积极财政政策。

(七) 2012—2021年经济新常态时期稳健的货币政策

1. 政策背景

2008年，受到国际金融危机的冲击，经济下行压力日益增大。中国GDP的增长率，2011年为9.2%，从2012年起开始回落到8%以下，告别了过去30多年平均10%左右的高速增长，2012年为7.8%，2015年为6.9%，2020年仅为2.3%。2012—2021年，中国GDP的平均增长率为6.6%。2012年11月，党的十八大报告提出了"经济发展新常态"理念，指在经济结构对称态基础上的经济可持续发展、稳定增长。

2. 政策措施

中国人民银行针对日益增大的经济下行压力，采取了积极稳健的货币政策稳定经济增长。主要措施如下。

第一，连续降准。2012—2021年，中央银行采取了连续降准措施，刺激经济增长。存款准备金率的调整：大型金融机构从 2011 年底的 21% 降到 2021 年底的 11.5%，中小金融机构从 2011 年底的 19% 降到 2021 年底的 8.5%（见表 6-4）。

表 6-4　2011—2021 年大型金融机构和中小金融机构存款准备金率变化一览

调整时间	存款准备金率		变动特征	持续时间（年）
	中小金融机构（%）	大型金融机构（%）		
2011 年 12 月 5 日	19	21	下调	10
2012 年 2 月 24 日	18.5	20.5		
2012 年 5 月 18 日	18	20		
2015 年 2 月 5 日	17.5	19.5		
2015 年 4 月 20 日	16.5	18.5		
2015 年 9 月 6 日	16	18		
2015 年 10 月 24 日	15.5	17.5		
2016 年 3 月 1 日	15	17		
2018 年 4 月 25 日	14	16		
2018 年 7 月 5 日	13.5	15.5		
2018 年 10 月 15 日	12.5	14.5		
2019 年 1 月 15 日	12	14		
2019 年 1 月 25 日	11.5	13.5		
2019 年 9 月 16 日	11	13		
2020 年 1 月 6 日	10.5	12.5		
2020 年 4 月 15 日	10	12.5		
2020 年 5 月 15 日	9.5	12.5		
2021 年 7 月 15 日	9	12		
2021 年 12 月 15 日	8.5	11.5		

存款准备金率调整变动情况：一是存款准备金率在 10 年间连续下调；二是存款准备金率下调的频率之多，一年内多次下调；三是存款准备金率在 10 年间下调的幅度之大，大型金融机构的存款准备金率下调了一半，中小金融机构下调了一半多。通过大幅下调存款准备金率释放更多的流动性。2015 年 6 月，中国人民银行对金融机构实施定向降准。

第二，连续降息。贷款基准利率的调整，同样采取了连续下调政策，1 年期贷款利率从 2012 年的 6.31%，连续下调到 2022 年的 4.35%（见表 6-5）。与降准相比，降息政策工具的运用频率减少，而且降息达到一定程度后将会停止，这在理论上叫作"流动性陷阱"。

表6-5 2012—2022年中央银行贷款基准利率变化一览　　　　　　　　　（%）

调整时间	6个月以内（含6个月）	6个月至1年（含1年）	1~3年（含3年）	3~5年（含5年）	5年以上
2012年6月8日	5.85	6.31	6.4	6.65	6.8
2012年7月6日	5.6	6	6.15	6.4	6.55
2014年11月22日	5.6		6		6.15
2015年3月1日	5.35		5.75		5.9
2015年5月11日	5.1		5.5		5.65
2015年6月28日	4.85		5.25		5.4
2015年8月26日	4.6		5		5.15
2015年10月24日	4.35		4.75		4.9
2016年1月1日	4.35		4.75		4.9
2017年1月1日	4.35		4.75		4.9
2018年10月1日	4.35		4.75		4.9
2022年10月	4.35		4.75		4.9

2013年7月20日，中国人民银行决定全面放开金融机构贷款利率管制。一是取消金融机构贷款利率0.7倍的下限；二是取消票据贴现利率管制；三是对农村信用社贷款利率不再设立上限；四是继续严格执行差别化的住房信贷政策，促进房地产市场健康发展。

第三，加快推进科技金融服务。2014年1月7日，中国人民银行联合科技部、银监会、证监会、保监会和国家知识产权局等六部门发布《关于大力推进体制机制创新　扎实做好科技金融服务的意见》（银发〔2014〕9号），从鼓励和引导金融机构大力培育和发展服务科技创新的金融组织体系、加快推进科技信贷产品和服务模式创新、拓宽适合科技创新发展规律的多元化融资渠道等方面进行工作部署，要求金融机构推进体制机制创新，做好科技金融服务各项具体工作。

第四，加强对"三农"金融服务。中国人民银行与相关各部委联合发布了系列支农政策。2014年2月14日，中国人民银行印发《关于做好家庭农场等新型农业经营主体金融服务的指导意见》（银发〔2014〕42号），扎实做好家庭农场、专业大户、农民合作社、农业产业化龙头企业等新型农业经营主体各项金融服务工作；3月11日，《中国人民银行关于切实做好家禽业金融服务工作的通知》印发；3月6日，中国人民银行、财政部等7部门联合印发《关于全面做好扶贫开发金融服务工作的指导意见》。

第五,加大支持小微企业的金融服务。2014年12月29日,中国人民银行印发《关于完善信贷政策支持再贷款管理 支持扩大"三农"、小微企业信贷投放的通知》(银发〔2014〕396号),调整信贷政策支持再贷款发放条件,下调支农、支小再贷款利率,明确量化标准,对信贷政策支持再贷款业务管理进行全面规范完善。

第六,金融支持工业转型升级和制造强国建设。2016年2月15日,经国务院同意,中国人民银行、国家发展改革委、工业和信息化部、财政部、商务部、银监会、证监会、保监会联合印发《关于金融支持工业稳增长调结构增效益的若干意见》(银发〔2016〕42号),加大金融对工业供给侧结构性改革和工业稳增长、调结构、增效益的支持力度,推动工业转型升级。2017年3月7日,《中国人民银行 工业和信息化部 银监会 证监会 保监会关于金融支持制造强国建设的指导意见》(银发〔2017〕58号)印发,进一步建立健全多元化金融服务体系,大力推动金融产品和服务创新,加强和改进对制造强国建设的金融支持和服务。

第七,加大对外贸的支持力度。2014年6月11日,为鼓励金融机构创新多种方式,加大对外贸的支持力度,中国人民银行发布《关于贯彻落实〈国务院办公厅关于支持外贸稳定增长的若干意见〉的指导意见》(银发〔2014〕168号)。

第八,加大消费领域的金融支持。2016年3月,经国务院同意,中国人民银行和银监会联合印发《关于加大对新消费领域金融支持的指导意见》(银发〔2016〕92号),明确创新金融支持和服务方式,大力发展消费金融,更好地满足新消费重点领域的金融需求,发挥新消费引领作用。

第九,创新金融服务。2014年9月,中国人民银行创设中期借贷便利(Medium-term Lending Facility, MLF),对符合宏观审慎管理要求的金融机构提供中期基础货币,中期借贷便利利率发挥中期政策利率的作用,促进降低社会融资成本。

三、货币政策的影响

(一)货币政策对经济发展的影响

首先,从理论上讲,货币政策对经济发展将产生相应的调控作用。比如,伴随着通货膨胀的经济繁荣,通常实施紧缩的货币政策,对于抑制通胀有积极作用;当经济萧条时,实施宽松的货币政策对于促进经济复苏有一定的积极作用。

其次,在中国货币政策的演变过程中,货币政策对于中国经济的调控,同样发挥着重要的作用。比如,2008年的国际金融危机之后,中国经济从2012年开始经历了10年的调整,但由于实施了积极稳健的货币政策,虽然没有之前长达30多年的10%以上的高增长,但仍保持着年均6.6%的较高经济增长,说明中国货币政策的实施是有效的。

最后,货币政策作用的局限性。一是经济发展受到多方面的影响,金融只是这些影响因素的一个方面;二是货币政策主要作用于银行体内循环,无法调控来自银行体外因素的影响,如资产价格的传导。因此,使得货币政策的调控产生了局限性。

(二)货币政策对资本市场的影响

货币政策对资本市场产生直接和间接的影响。

货币政策对资本市场的影响并非直接对应,而是依赖政策传导效应。

货币政策对资本市场的影响在货币政策工具的讨论中已经详述,此处不再重复。

课堂总结

1. 了解中国货币政策的演变。

2. 了解货币政策的影响,尤其是把握货币政策对资本市场影响的特点,重点是货币政策变动体现的政策意向。

第 32 课　货币政策的国际影响

一、货币政策国际影响途径

（一）货币政策国际影响的前提

在开放经济条件下，一国的货币政策不仅作用于国内经济，而且能对其他经济体产生影响，叫作"货币政策国际溢出效应"。因此，开放经济是货币政策产生国际溢出效应的前提，而这种影响力的大小取决于经济开放的程度。相应地，在封闭经济条件下，一国的货币政策就不存在这种国际溢出效应。

（二）货币政策国际影响的途径

货币政策的国际影响，是通过一定途径实现的，即所谓货币政策国际溢出效应的传导机制，而这种传导通常是通过国际经济交往实现的。

1. 国际收支项目分类

按照国际收支平衡原理，一国与国外的经济交往，通常分为经常账户和资本与金融账户等两类。

（1）经常账户。经常账户包括货物、服务、收入和经常性转移等项目。其中，主要是贸易项目，包括有形贸易和无形贸易。

（2）资本与金融账户。资本与金融账户是由资本账户与金融账户组成的。资本账户主要记录资本输出和资本输入情况，并加以总结对比分析，包括资本转移和非生产、非金融资产的收买或放弃等。金融账户包括涉及一经济体对外资产和负债所有权变更的所有交易，按功能分为直接投资、证券投资、其他投资。

2. 货币政策国际影响的途径

货币政策的国际影响，同样是通过两大类国际经济交往实现的。通过影响国际大宗商品价格、利率、汇率等基本经济因素，进而影响对外贸易和跨境资本流动，最后通过这两个传导渠道作用于经济增长。因此，货币政策国际影响的途径同样包括国际贸易途径、国际资本流动途径。而在国际资本流动中，各国关于国际资本流动等外汇管理制度对货币政策的溢出效应影响很大。

二、美国货币政策对中国经济的影响

（一）美国货币政策对中国经济影响途径的理论分析

1. 国际贸易途径

国际贸易是全球各国最原始、最直接的交流方式。各国通过贸易的纽带相互依存、相互作用。美国的货币政策同样通过国际贸易途径影响中国经济。

美国是世界第一大经济体，美元是国际贸易中的主要计价和结算货币。中国作为全球贸易大国，美国重要的贸易合作伙伴，必然会受到美国货币政策变动的影响。

（1）从产出视角分析。美国货币政策主要通过收入吸收效应和支出转换效应影响中国的净出口，进而影响中国产出。

①收入吸收效应。

美国降息（扩张政策）→ 中国产出增加 →中国收入水平提高→包括进口在内的商品需求增加→出口国出口增加→ 出口国产出增加（经济增长），即收入吸收效应为正。如果是美国降息，则作用相反。

②支出转换效应。

美国降息（扩张政策）→（其他货币供给相对一定）美元供给的增加 → 美元贬值 →相对于中国而言人民币将升值 →（满足马歇尔—勒纳条件）中国出口减少→对中国产出产生负向影响，即支出转换效应为负。

可见，收入吸收效应与支出转换效应的方向相反，因而，美国扩张性货币政策对中国产出的方向取决于二者孰大孰小。

（2）从物价水平分析。就物价水平而言，美国货币政策主要通过汇率的杠杆效应和大宗商品的价格效应作用于中国进出口商品价格，进而影响中国的物价水平。

①汇率的杠杆效应。

美国实施扩张性货币政策，比如降息。正如对支出转换效应的分析，美国降息将造成人民币升值，这将导致中国进口商品的本币价格降低，从而对国内的通货膨胀具有抑制作用，即汇率的杠杆效应为负。

②大宗商品的价格效应。

国际大宗商品如石油、铁矿、铜、玉米、大豆等，基本上都是以美元计价和结算的，美国实施扩张性货币政策。尤其是非常规货币政策，将向全球释放大量的流动性，美元的低利率降低了资金使用成本，使更多的投资和投机者涌向国际大宗商品市场，导致大宗商品价格上涨。中国是全球制造业大国，对国际大宗商品市场具有很强的依赖性。国际大宗商品价格的上涨将使中国工业进口原材料成本上升，然后传导至商品、服务等消费领域，导致全社会物价水平上升，即大宗商品的价格效应为正。

由此可见，汇率的杠杆效应与大宗商品的价格效应方向相反，因而，美国货币政策对中国物价水平的影响方向与二者孰大孰小有关。

（3）美国货币政策除通过贸易直接对产出和物价水平产生影响外，还通过贸易的间接渠道对中国经济产生溢出效应。

贸易间接渠道，是指在现行结售汇制度（目前，我国的结售汇制是企业选择结售汇而不是银行）下，美联储扩张性或紧缩性货币政策将造成人民币升值或贬值预期，这将使得出口企业积极选择外币结汇或者持有外汇。企业的这种结售汇行为，一方面对企业存款账户的货币供应造成影响；另一方面影响国内外汇占款和基础货币投放，并通过银行体系的货币派生机制影响国内货币供给。货币供给的变动进一步通过利率、信贷、资产价格和预期等渠道对企业的投资和家庭的消费产生影响，进而作用于产出和物价。

当然，美国货币政策通过国际贸易渠道对中国经济的溢出效应还受现实因素的制约，包括美国的经济增长、中美贸易地位的变化、汇率等。随着中国经济的不断发展，产业结构的不断升级，中美产业之间的竞争性增强。因此，中美贸易条件是否还满足马歇尔—勒纳条件并不确定，其影响受限。

2. 国际（跨境）资本流动途径

国际（跨境）资本流动是对外交流与合作的一种重要形式。改革开放以来，尤其是加入WTO以后，我国的跨境资本流动越来越频繁，规模也在逐渐扩大。根据资金使用期限不同，可将国际（跨境）资本流动划分为长期资本流动和短期资本流动。

长期资本流动，是指资金使用期限超过1年，包括直接投资、长期贸易信贷、长期贷款等，目的是追求长期投资收益。

短期资本流动，是指使用期限小于1年，通常被称为"国际游资"或者"热钱"，其主要目的是获得商品市场的涨跌和货币汇率、利率等价差，获取短期投机收益。目前，流入中国的跨境资本既有短期资本，也有长期资本，二者受到的制约不同，对中国经济影响的传导机制也有所不同。

（1）美国扩张性或紧缩性货币政策将分别使中国的长期资本流入增加或减少。

第一，美国实施扩张性货币政策降低了美元短期利率，短期利率通过经济基本面、预期等方式压低了长期利率。由于美元是国际金融市场的重要融资货币，美元利率的下降将降低国际资金使用成本，这将促使跨国企业和中国企业在境外的融资成本降低。

第二，美联储实施扩张性货币政策通常意味着美国经济疲软，经济收缩导致美国国内投资机会和资金需求减少，投资者为了追逐更高的收益往往会将资本投入收益更高的地区。而中国自改革开放以来始终保持着高速的经济增长，对国际资本有较强的吸引力。因此，美国扩张性货币政策将增加国际资本流入。

第三，长期资本的流入形式。由于中国对证券投资方面的严格管制，部分国际资本以外商直接投资的形式流入中国，以分享中国经济发展的红利。近20年来，中国的外商直接投资虽然会因内外部冲击而有所波动，但一直处于净流入状态。

美国实施扩张性货币政策降低了美元利率，融资成本的降低促进更多国内外企业进行直接投资，这将直接刺激中国国内投资增加，进而促使产出增长。

第四，随着国际金融市场融资成本降低，一些中国企业选择境外上市，因而，这也成为中国长期资本流入的另一种重要形式。

（2）美国扩张性货币政策有利于短期资本流入中国，促使中国产出增加和物价水平上涨。理论上讲，美联储实施扩张性货币政策，导致美国短期无风险利率降低，中美利差增大，根据利率平价理论，通过套利交易致使国际资本流入中国以追求更高收益。

值得注意的是，这种短期国际资本流动要受到各国外汇管理制度的影响。目前，人民币在经常项目下可以自由兑换，而在资本项目下不能，这将在一定程度上阻隔国际资本流动。

（二）美国货币政策对中国的影响

1. 美国货币政策对中国经济影响的联动性分析

（1）美国利率水平与中国对外贸易的联动关系。如图 6-13 所示，从 2014—2022 年的相关统计数据分析可见：总体上讲，这种联动关系不太确定，比较明显的是，2014—2017 年两者呈负相关关系、2017—2020 年两者呈正相关关系、2020—2022 年两者呈负相关关系。因此，美国利率政策对中国对外贸易的影响是不确定的，而且从理论上讲具有一定的时滞性。

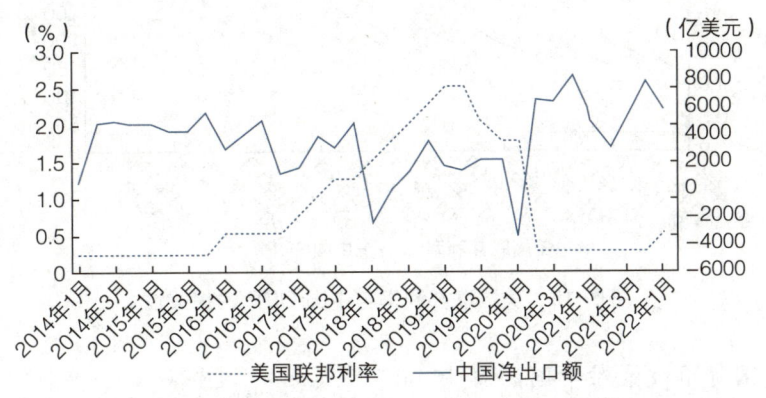

图 6-13 美国联邦利率与中国净出口额的相关性

（2）美国利率水平与中国跨境资本流动的联动关系。如图 6-14 所示，美国利率水平的变化与中国跨境资本流动的关系是不确定的。在中国外汇管理制度的约束下，短期资本流动受到相对严格的制度管制，而长期跨境资本流动可能更受我国宏观环境的影响，受美国利率水平及其变动的影响不大。

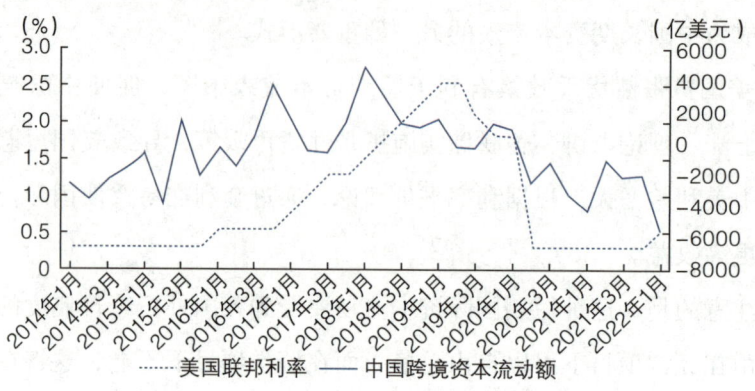

图 6-14　美国联邦利率与中国跨境资本流动额的相关性

（3）美国利率水平与我国经济增长的关联关系。如图 6-15 所示，中国经济一直在稳步向前，美国利率水平与中国的经济增长没有明显的关联关系。虽然改革开放以后，中国的进出口贸易对中国经济增长有着重要贡献，但受到美国货币政策变动的影响很小，国内因素是影响经济增长的主要因素，而美国货币政策并非影响我国经济增长的主要因素。

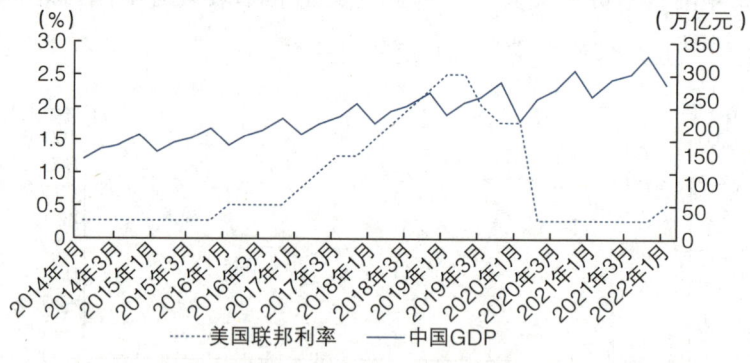

图 6-15　美国联邦利率与中国 GDP 的相关性

2. 美国货币政策对中国的影响

从以上分析可知，美国的货币政策对中国的影响是不确定的。在开放经济条件下，货币政策的国际影响是客观存在的，但这种影响的相关性及影响力度是不确定的。在目前中国的外汇管理制度约束下，美国货币政策的变动对中国经济以及资本市场的影响，更多是来自对政策的预期。比如，美国加息，是否会引起中国相应的加息政策，这在很大程度上取决于中国经济发展的现实需要。随着中国经济的不断增长，人民币逐步国际化，货币政策的国际影响会逐步加强，尤其是主要国家货币政策会产生一定的相互影响,但这种影响将受到多种因素的制约而变得不确定。

> **课堂总结**
>
> 1. 了解货币政策国际影响的前提与途径。
> 2. 了解美国货币政策的变动对中国经济的影响。
>
> 注意:货币政策变动的国际影响是客观存在的,尤其是世界上几个主要国家货币政策变动的影响。在证券投资中,要关注诸如美国货币政策的变动,但这种变动更多的是政策预期的影响。

读者笔记